宮崎県謎解き散歩

永井哲雄 編著

新人物文庫

はじめに

日向《ひむか》。「この国は直《なお》く日の出《いく》づる方《かた》に向《む》けり。ゆえに、その国を号《なづ》けて日向《ひむか》と曰《い》ふ」と、『日本書紀』の景行《けいこう》天皇の言葉にみえます。ついで、天皇がはるか大和を偲《しの》んで詠んだ「国偲《くにしの》び歌」は、宮崎の人にとっては「たたなづく　青垣《あおがき》　山《やま》籠《こも》れる　日向は麗《うるわ》し」なのです。

宮崎といえば、近世の小藩分立、明治初期の鹿児島との併合分立、西南戦争、以後の交通事情の未発達など、厳しい条件がありました。しかしそれがまた、「日向島《ひゅうがじま》」として独自の世界を形成することにもなりました。

東にひらかれた地勢をもち、太陽・空・山・海・川・草・木にいたるまで神々が宿《やど》り、人々は自然に対して何よりも畏敬《いけい》の念をいだき深く崇敬《すうけい》します。そのことが日向の神話伝承を生み伝え、さらに地域ごとに発展させました。また、県下約三五〇カ所の地域に今も保持される神楽《かぐら》を支えてきたのです。

宮崎を理解するには、人も、家や地域の文化も、集落の営みも、自然との調和を基調に、宮崎のゆるやかな時の流れを受け入れる必要があります。

そのような例の一つが、最近のエネルギー事業です。明治からの水力発電に加え、今日では、企業から家庭まで太陽光発電が盛んです。それ以上に早くから普及しているのが太陽熱温水器です。年間七十日から八十日の快晴日数を数える宮崎ならではのことでしょう。また、話題のバイオ発電は、牛のふんから木材のチップまで、自然の廃棄物を資源としたものです。豊かな自然の恵みを生かした宮崎の姿は、その内容を理解することで、満足度は一が十になります。

日頃何気《なにげ》なく見過ごし、聞き過ごしていることを、あるきっかけで改めて考え直してみると、意外なことを発見し、納得することがあります。この書は、宮崎のことを熟知されている方々に、その一端を案内していただいて出来上がりました。〝なるほど、そういうことか〟と納得し、また一方では、〝これは〟と疑問が起こるかもしれません。そんな宮崎を知る深みにはまって頂けたらと念じています。

二〇一三年一月

永井哲雄

宮崎県謎解き散歩

目次

第3章　神話編

第4章　古代・中世の歴史編

第5章　近世・近代の歴史編

第6章　人物編

第7章　信仰・民俗編

第8章 自然・災害編

宮崎県　市町村地図

大分県
熊本県
鹿児島県
太平洋
高千穂町
西臼杵郡
五ヶ瀬町
日之影町
延岡市
諸塚村
東臼杵郡
椎葉村
東臼杵郡
門川町
美郷町
日向市
児湯郡
西米良村
木城町
都農町
児湯郡
川南町
西都市
高鍋町
児湯郡
新富町
えびの市
小林市
東諸県郡
綾町
国富町
西諸県郡
高原町
宮崎市
都城市
北諸県郡
三股町
日南市
串間市

宮崎県「神楽散歩」

神楽は神の降臨を願い、問答をし、願い事をして神と共に楽しむ場であり、宮中の儀式や節の祈願行事、地域の神事芸能として広がった。宮崎県には現在およそ350カ所に神楽が伝わっている

（211ページ参照／写真はすべてみやざき観光コンベンション協会提供）

川坂神楽《延岡市》

奈良時代から続けられていると伝わり、「鎮守の舞」「幣の手舞」「三番荒神舞」など十二番が伝承されている

日之影神楽《西臼杵郡日之影町》
作物の実りに対する感謝と五穀豊穣を祈願して奉納される。日之影神楽には深角神楽、岩戸神楽、四ヶ惣神楽、岩井川神楽の4つの流派がある

高千穂の夜神楽《西臼杵郡高千穂町》
町内の集落で五穀豊穣などを祈願する行事として行われる。写真は戸取明神（手力雄命）がアマテラスの隠れる天岩戸を開く場面

高千穂の夜神楽《西臼杵郡高千穂町》
天岩戸に隠れたアマテラスを誘い出すために踊るアメノウズメの場面。神楽の起源は、アメノウズメが天岩戸の前で調子面白く踊ったことという

南川神楽《東臼杵郡諸塚村》
民家持廻りで毎年実施され、20余りの神面をかぶり行列で神高屋（みこや）に舞い込み、そこに八百万の神々を迎えて夜を徹して舞われる

尾八重（おはえ）神楽《西都市》
保安２年（1112)、東米良の尾八重の地で始められたと伝わる、修験色が強い米良系の神楽

栂尾（つがお）神楽《東臼杵郡椎葉村》
天正（1573−92）の頃、黒木済門之助が肥後の阿蘇神社に行き、神楽を習得し栂尾に持ち帰り村人に伝えたといわれる神楽

西米良神楽《児湯郡西米良村》
南北朝時代に南朝方の公家武将が村に落ち延び、京の都で舞われていた舞を伝えたとされる神楽

新田（にゅうた）神楽《児湯郡新富町》
2月から始まる春神楽。藁の大蛇を真剣で切り落とす「蛇切り」という番付名の舞がクライマックス

祓川（はらいがわ）神楽《西諸県郡高原町》
霧島六所権現の一つ霧島東神社の奉納行事として伝えられる。剣の舞が多いのが特徴

宮崎県

今山大師祭《延岡市／4月》

弘法大師の命日の旧暦3月21日に五穀豊穣、家内安全を願った春祭りが起源。赤飯や茶菓子などでもてなす「お接待」も行われる

尾末神社大祭《門川町／9月》

地元の3地区から出るだんじりが海辺の町を練り歩く、海の豊漁と安全を祈願するお祭り。前夜には海の神楽といわれる門川神楽を奉納

御田祭《美郷町／7月》

平安時代からの伝統民俗。年の神神社横の神田に牛馬や神輿を繰り出し、人々が泥まみれになりながら無病息災、五穀豊穣を祈願する

祭りマップ

荒踊（あらおどり）《五ヶ瀬町／9月》

400年前の天正年間より伝えられ、三ヶ所神社例大祭で奉納される踊り。弓、槍、鉄砲を手に、戦国時代の武者装束で踊る

椎葉平家まつり《椎葉村／11月》

平安時代を思わせる騎兵や武者、十二単の平家鶴富姫のパレードのほか、ひえつき節踊り、臼太鼓踊りなどの郷土芸能も披露

西都古墳まつり《西都市／11月》

「現代の中の古代を目指して」をコンセプトに、神話を表現した「炎の祭典」、神楽や郷土芸能、古代生活を体験する催し等が行われる

（写真はすべてみやざき観光コンベンション協会提供）

都農神社夏祭り

《都農町／8月》

三韓征伐の時に神功皇后が同社祭神を守護神として舟に迎えた旧事にちなんだ、御神輿が浜に渡御する「浜下り」儀式が有名

ザ・フェスティバル・イン・トロントロン

《川南町／8月》

軽トラ引き大会やアームレスリング、牛乳早飲み大会など様々なイベントや迫力満点の花火大会が行われる

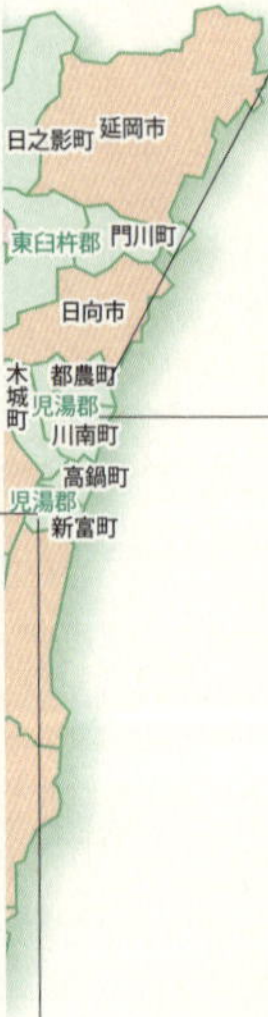

元禄坊主踊り

《新富町／9月》

旧暦8月の十五夜に町内各地に奉納される。「嫁女」と「奴」が仲良く踊っているところに「坊主」が邪魔をするという物語性をもった踊り

岩淵大池「こいこい」in「オニバス」フェスティバル《木城町／10月》

田んぼに水をそそいだどろんこフィールドで、リレー、親子そり引き、魚つかみ、綱引きなど「ドロリンピック」が繰り広げられる

諏訪神社夏祭り《国富町／8月》

神社に奉納される赤いのぼりとバラ太鼓の勇壮な踊りが圧巻。そのほか剣道大会やゲートボール大会、夜祭りも行われる

綾競馬《綾町／11月》

競走馬を飼育してきた歴史を持つ綾町の人気イベント。サラブレッドによるレースのほか、かわいらしいポニーのレースも行われる

海を渡る祭礼
《宮崎市／7月》

青島神社の御祭神（彦火火出見命、豊玉姫命、塩筒大神）の御霊を御輿に載せ海積宮にお連れする夏祭り。いつ始まったかわからないほど古くから伝わる

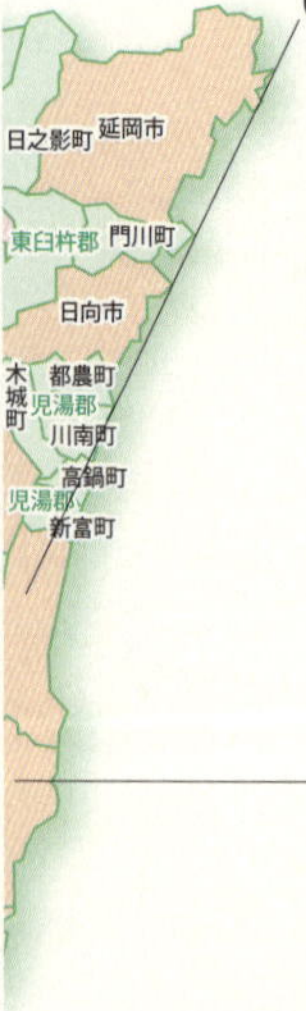

飫肥城下まつり
《日南市／10月》

飫肥城復元を記念して昭和53年から開催。侍大将・女武者行列や郷土芸能泰平踊など、武家装束をまとった江戸時代さながらの市中パレードが圧巻

都井岬火祭り
《串間市／8月》

都井の村人を苦しめていた大蛇を僧侶が退治したことから始まったとされる火祭り。大蛇に見たてた巨大な柱松の最上部への松明の投げ入れがクライマックス

牛越え祭り

《えびの市／7月》

菅原神社で行われる、赤い毛布とわら帯で正装した牛に高さ50m、長さ４ｍの丸太を飛び越えさせ、牛の無病息災を願うお祭り

都城もちお桜まつり

《都城市／3月～4月》

「もちおの千本桜」として知られる南九州随一の桜の名所「母智丘公園」の壮麗で見事な花が楽しめる

早馬まつり

《三股町／４月》

農家の無病息災と馬の安全を祈願するお祭り。飾りつけられた馬が足を踏みならす「ジャンカン馬踊り」や棒踊りなど様々な郷土芸能が早馬神社に奉納される

宮崎県「グルメ散歩」

（45ページ参照／写真はすべてみやざき観光コンベンション協会提供）

宮崎県発祥の「うまいもの」

チキン南蛮

レタス巻き

肉巻きおにぎり

郷土料理

冷汁（ひやじる）

地鶏料理

飫肥天（日南市）

果物・お菓子

完熟マンゴー

完熟きんかん

チーズ饅頭

日向夏

第１章　宮崎県ってどんなとこ？

宮崎県庁本館（宮崎市）

県民性――ゆっくり、ゆったり、自然の中で

日向国《ひゅうがのくに》（宮崎県）の地は、台風・水害・旱魃《かんばつ》と絶え間なく災害に襲われたが、土地広く、人少なく、「犬猫は飢死《うえじに》しても人の飢餓《きが》はない」といわれ、温暖で四季に恵まれた環境にある。それでいて「日向島《ひゅうがしま》」といわれる孤立した世界を形成し、独自の県民性を生んだ。

餓死《がし》の恐れがないことは、県民性に大きな影響を与えている。性格は温厚で強烈な型がなく勝負事にむかない。新しいことには用心深くリーダーは苦労する。燃え上がりに時間がかかる。自然への畏敬《いけい》の念が強く、神事や神話伝承は非常によく保存されるが、地域文化の保護者とされる長者《ちょうじゃ》伝説は少なく、仏教説話《せつわ》や遺跡は少ない。そこそこに生きて富の蓄積《ちくせき》に恬淡《てんたん》で、より高い豊かさをめざす意欲があまり表に出ないところによるものかもしれない。

堀切峠から望む日南海岸（宮崎市）

誠実で、宮崎の人の話にはオチがない。物事を真面目に受け取りすぎて機転が少ない。古くからの付き合いはすごく大事にする。同じ付き合い圏に入ると胸の内を率直に開き、私事まで話す。面倒見がよくなる。全国でも離婚率が高いのは、ものごとをあまり深刻に考えず、「なんとかなる」ということか。土地広く、明治以降も活力をもった多くの移住者を迎え、地域の開発・産業育成に多くのことを学んだせいか、排他性《はいたせい》が少ない。

宮崎では時がゆっくり流れる。江

石井十次が営んだ岡山孤児院の1200人の児童（石井記念友愛社所蔵）

戸時代のことであるが、ある旅人が宿屋の主人から、わが子の手習いの手本を求められ、「いろは」を書き与えたところ、そんな新しい難しいものではなく「なにはず」や「あさかやま」を書いてくださいといわれて、古代の紫式部《むらさきしきぶ》や清少納言《せいしょうなごん》の時代の風が残っていることに驚いたという話がある。

福祉事業の先駆者《せんくしゃ》で「孤児の父」といわれた高鍋《たかなべ》出身の石井十次《いしいじゅうじ》は、孤児にとっての教育環境としてこれ以上の地はないとした。武者小路《むしゃのこうじ》実篤《さねあつ》は、その理想社会「新しき村」

石井十次資料館　住所／児湯郡木城町大字椎木644番地－1　交通／JR高鍋駅より車で約20分

日向新しき村全景。現在、武者小路実篤の旧宅が復元され、当時の写真や実篤の遺品が展示されている（児湯郡木城町）

の建設地に木城町石河内《きじょうちょういしかわち》の地を選んだ。

いっぽう明治の中期、宮崎の開発に目を付けた住友総理の広瀬宰平《ひろせさいへい》は、土地・資源・気候に恵まれたこの地で必要なものは、資本（富の蓄積）や労働力（人口）もさるものながら、宮崎人の競争心や研究心、物産の改良意欲にこそ宮崎の未来はあると指摘した。

（永井哲雄）

日向新しき村　住所／児湯郡木城町大字石河内1333　交通／JR高鍋駅より車で約40分

ランキング――"自然と人の協働"が生みだす壮大な世界一・日本一

世界一のものは、**国指定天然記念物カンムリウミスズメの繁殖数《はんしょくすう》**である。カンムリウミスズメは、推定個体数が約五〇〇〇羽～一万羽とされる絶滅の恐れのある島で、黒潮や対馬海流《つしまかいりゅう》の影響のある温帯海域に生息している。東臼杵郡門川町《ひがしうすきぐんかどがわちょう》の枇榔島《びろうじま》は推定三〇〇〇羽が訪れる世界最大の繁殖地となっている。

日本一を誇るものも数多くある。自然豊かな宮崎ならではの「日本一」には次のようなものがある。

延岡市島野浦《のべおかししまのうら》の海中には、**オオスリバチサンゴ**が三〇〇個ほど群生《ぐんせい》している。直径約三メートルを超えるものもあり、個体数・大きさともに日本一である。このサンゴは通常、皿型に成長するが、島野浦のものはバラの花びらのような独特の形状をしており、この点においても他にない貴重な存在といえる。

枇榔島　住所／宮崎県東臼杵郡門川町枇榔島　交通／JR門川駅より車で5分で庵川漁港、漁港より渡船

東臼杵郡門川町枇榔島のカンムリウミスズメ

日南《にちなん》市《し》の鵜《う》戸《ど》神宮付近の海岸には南北一・五キロメートルにわたり**鵜《う》戸《ど》千《せん》畳《じょう》敷《じき》奇《き》岩《がん》**と呼ばれる特異な波食地形が広がっている。今から約一二〇〇万年前から六〇〇〇万年前にかけて堆積《たいせき》した砂岩と泥岩からなる地層が、長い年月をかけて波や風雨によって侵食《しんしょく》された結果、固い砂岩層だけが板のように積み重なって見える地形になった。その形状から別名**「鬼の洗濯板」**とも呼ばれている。

東《ひがし》諸《もろ》県《かた》郡《ぐん》綾《あや》町《ちょう》にある照葉樹林は、中心部の面積約一七〇〇ヘクタール、周辺部を加えると三五〇〇ヘクター

鵜戸神宮　住所／日南市大字宮浦3232　交通／JR伊比井駅またはJR油津駅よりバスで鵜戸神宮入口下車、徒歩20分

ルになり、日本最大級の規模を誇る。これほどまとまった樹林は他にないことから、世界的にみても貴重な存在といえる。希少動物であるクマタカ・イヌワシをはじめ、生息地南限のニホンカモシカなども生息している。平成二十四年（二〇一二）、ユネスコエコパークに登録された。

本県は全国有数の野菜の産地でもある。平成二十二年の野菜の産出額は七二三億円で、県の農業産出額の二四・四パーセントを占めている。なかでも、**キュウリ**は全国一の生産量を誇り、平成二十二年の作付面積は七五八ヘクタール、収穫量は五九万九〇〇〇トンである。ちなみに、宮崎産のイメージの強いピーマンの生産量は、平成十六年までは全国一であった（現在は全国二位）。また、**漬物用大根**の生産も日本一である。大根は漬物に加工するために、竹製のやぐらの上で寒風にさらして干《ほ》される。このやぐらは非常に大きなもので、高さ六メートル、長さ五〇メートルにおよぶ。中心的な産地の一つである宮崎市田野町《たのちょう》では、畑のなかにそびえる「大根やぐら」が冬の風物となっている。

農作物だけでなく、工芸品のなかにも全国トップクラスの生産量を誇るものが

日南市南郷B＆G海洋センター・鞍埼灯台　住所／日南市南郷町中村乙7051－25
交通／JR南郷駅より徒歩約20分

日南市南郷町の鞍埼灯台

ある。都城《みやこのじょう》市《し》を代表する工芸品の弓・木刀《ぼくとう》である。竹弓は江戸時代から生産が行われ、平成六年には**「都城大弓《みやこのじょうだいきゅう》」**として国の伝統的工芸品に指定された。また、**「都城木刀」**も長い歴史を持ち、昭和五十九年（一九八四）に県の伝統的工芸品に指定された。いずれも生産量は全国の九割を占めている。

ゴルフトーナメントの賞金総額でも日本一である。宮崎市のシーガイア内にある「フェニックスカントリークラブ」において毎年十一月に開催されるダンロップフェニックストーナメントは、国内はもちろん、世界のトッププレーヤーが参戦する伝統ある国際的ゴルフトーナメントである。その賞金総額は国内男子プロゴルフ最高額となる二億円である。

宮崎県には、日本一古い建造物もある。日南市南郷町《にちなんしなんごうちょう》にある**鞍埼灯台**《くらさき》は、明治十七年（一八八四）に設置された西洋式灯台で、無筋コンクリート造としては日本最古のものである。灯器などは変更されているが、建物は建築当時のままで、一二〇年以上役目を果たし続けている。平成二十一年に経済産業省の近代化産業遺産に認定された。

変わったものとしては、日本一大きな箸《はし》がある。**都城市の天長寺**《てんちょうじ》**に奉納されている箸**で、長さは四メートル、重さは二本で三〇〇キログラムにもなる。

（河野悠子）

天長寺　住所／都城市都島町1300－5　交通／JR都城駅よりバスで「大岩田」下車、徒歩5分

政治——「地域分断型小藩分立」とは？

江戸時代、日向国《ひゅうがのくに》は次のような勢力圏があり、小藩分立《しょうはんぶんりつ》の体制がとられた。

県北では天正十五年（一五八七）、豊前国《ぶぜんのくに》香春《かわら》城主高橋元種《たかはしもとたね》が県《あがた》に封ぜられた。慶長十九年（一六一四）には有馬直純《ありまなおずみ》が肥前国《ひぜんのくに》島原より転封《てんぽう》、県《あがた》を延岡《のべおか》と改称した。その後三浦氏、牧野氏と交代し、延享四年（一七四七）、陸奥国《むつのくに》磐城平《いわきだいら》藩主内藤政樹《ないとうまさき》が延岡藩主となり、明治維新までの八代にわたって内藤氏が治めた。

高鍋藩《たかなべはん》は天正十五年、筑前国《ちくぜんのくに》古所山《こしょざん》秋月種長《あきづきたねなが》が高鍋・櫛間《くしま》を与えられて入封《にゅうほう》し、明治まで十代にわたって治めた。

那珂郡《なかぐん》佐土原《さどわら》に居所を置いたのが佐土原藩である。慶長八年、大隅国《おおすみのくに》垂水《たるみず》の城主島津以久《しまづゆきひさ》が入封し成立した。

飫肥藩《おびはん》は、天正十六年に伊東祐兵《いとうすけたけ》が飫肥・宮崎郡《みやざきぐん》曽井《そい》・清武《きよたけ》などを与えられ、

高鍋町歴史総合資料館　住所／児湯郡高鍋町大字南高鍋6937－2　交通／JR高鍋駅よりバスで「中央通り」下車、徒歩10分

延岡城で毎年行われる、「天下一」の称号を受けた能面作家の能面を使用して舞う「延岡城址 天下一薪能」（延岡市）

以後十四代にわたり統治した。飫肥は今も城下町の風情を残している。

都城《みやこのじょう》領は、日向国諸県郡《もろかたぐん》都城郷を領有した都城島津氏の支配領域で、鹿児島藩のうちの私領の一つである。

その他、人吉藩《ひとよしはん》領米良山《めらやま》、椎葉山《しいばやま》があり、小藩分立状態のなかで幕府領が点在した。

明治になると、日向は旧藩の意識が少しずつ薄らいでゆく。廃藩置県《はいはんちけん》の六県配置後、すぐに美々津《みみつ》・都城の二県を設置。明治六年（一八七三）にはこの二県を廃し、日向国一円をもって宮崎県が設置される。そして宮崎平野の

宮崎市佐土原歴史資料館 鶴松館　住所／宮崎市佐土原町上田島8227－1　交通／JR佐土原駅より車で約15分

飫肥城下の武家屋敷跡（日南市）

中心部に県庁舎を建設、県都を設けた。
明治九年、鹿児島藩に合併された際は旧藩意識は残っていたが、大藩鹿児島の影響のもとすんなり合併されたようである。しかし西南戦争の後、日向を意識させる分県運動が盛り上がってくる。そして明治十六年、宮崎県の再置となった。その後は県内をまとめ、県民意識高揚の政治が推進されてゆくのである。

（佐藤郁夫）

資源――豊かな自然こそ資源

「太陽と緑の国宮崎」は、豊かな自然こそ大きな資源である。平成二十一年（二〇〇九）度都道府県別データによると、日照時間が全国一位（二一七二時間）、降水量が四位（三二一九ミリ）、年平均気温が三位（一七・三度）となっている。つまり、太陽が燦々《さんさん》と照り、水が豊富で、気候が温暖ということである。これに加えて、全国一四位の面積（七七三六平方キロメートル）の大地と、総延長約四〇〇キロメートルの海岸線を有する。

これらは、当然のことながら第一次産業（農林水産業）の展開を支えている。日本一の農林水産物を列記すると、キュウリ、サトイモ、ラッキョウ、日向夏《ひゅうがなつ》、スイートピー、スギ素材、近海カツオ一本釣り漁獲量、沿岸マグロはえ縄漁獲量等が挙《あ》げられる。

千切り大根干し（宮崎市）

日本最南端の天然スキー場、五ヶ瀬ハイランドスキー場（西臼杵郡五ヶ瀬町）

照葉樹林文化館　住所／東諸県郡綾町南俣大口5691－1　交通／JR宮崎駅よりバスで「綾待合所」下車、車で15分

こうした農林水産業の素材に、さらに付加価値をつけて販売しようという動きがあるが、その方法がさまざまある中で、宮崎らしいものの一つに「天日干し《てんぴぼ》」がある。太陽の光という恵みを一杯に吸収させ、うま味成分等が増す効果があり、千切り《せんぎ》大根干し、干しちりめんじゃこ、乾燥椎茸《しいたけ》などがある。

また、温暖な気候、広い大地を活用しているものに畜産業もある。口蹄疫《こうていえき》で大きな打撃を受けた宮崎であるが、全国和牛能力共進会で連続日本一を獲得するなど、地域は再起へ一歩一歩前に進んでいる。

さらに、宮崎の豊かな自然という財産は、平成二十四年に東諸県郡綾町《ひがしもろかたぐんあやちょう》の「綾地域」がユネスコ エコパークに認証されたこと等でも証明されている。

これらは、伝統工芸など地域産業を支える力となっており、観光産業でも絶大な効果を発揮している。観光面では、プロ野球やサッカーJリーグチーム等のスポーツキャンプ、サーフィン等のマリンスポーツ、日本最南端の天然スキー場など、自然景観や歴史文化を見る観光に加え、「自ら体験し、遊ぶ観光」というポテンシャルも宮崎は持っている。

（河野　誠）

サンマリンスタジアム宮崎　住所／宮崎市大字熊野1443－12　交通／JR宮崎駅よりバスで「運動公園前」下車

グルメ・郷土料理——宮崎に来たら、これを食べなきゃ!

まずは郷土料理から紹介しよう。一番有名なのは冷汁《ひやじる》だろう。古くは鎌倉時代の『鎌倉管領家記録《かんれいけ》』に記述が見られる。他県にも同名の料理があるが、『鎌倉管領家記録』の記述に近い形をしているのは宮崎県のものだといわれている。味噌味の冷たい汁をご飯にかけて食べる、いわゆる「汁かけ飯」の一種で、食欲の落ちる夏場によく食べられる。

冷汁とともに、農林水産省主催の「農山漁村の郷土料理百選」に宮崎の郷土料理として選ばれたのが**地鶏《じどり》**の**炭火焼《すみびやき》**だ。品種や飼育方法、飼料などに細心の注意を払って育てられた地鶏肉は素朴ながらも奥深い味わいが楽しめる。炭火焼のほかに、**刺身**・**タタキ**・**唐揚げ**・**鍋料理**などにもよく合う。宮崎地鶏の「歯ごたえ」と「旨み」は、やみつきになること間違いなしだ。

都城《みやこのじょう》地方を代表する郷土料理に**ガネ**がある。これは野菜のかき揚げで、細切りにした野菜のギザギザした感じが蟹《かに》の形に見えるため、「ガネ（方言で蟹のこと）」と呼ばれている。

日南《にちなん》市飫肥《しおび》地区の郷土料理・**飫肥天**は、イワシやアジなど日向灘《ひゅうがなだ》近海でとれる魚のすり身に豆腐や味噌、醤油、黒砂糖を加えて揚げたものである。見た目は薩摩揚《さつまあ》げに似ているが、より柔らかな食感で、少し甘めの独特の味がする。

宮崎県発祥の「うまいもの」もたくさんある。その代表格は、延岡市《のべおかし》発祥の**チキン南蛮**だろう。県下の惣菜店や飲食店の定番メニューだが、店によって、モモ肉を使ったジューシーなものや、ムネ身を使ったサッパリしたものなどバリエーションが豊富。揚げた鶏肉、甘酢《あまず》、タルタルソースの絶妙なコンビネーションが幅広い年齢層に人気の理由である。

レタス巻きも本県発祥である。昭和四十年（一九六五）ごろ、宮崎市にある寿司屋の老舗「一平《いっぺい》」の店主が考案したといわれている。当初は寿司にマヨネーズという斬新《ざんしん》さに抵抗を示す人も少なくはなかったが、今ではその美味さが認めら

地鶏の炭火焼

れ、全国に広まっている。

また、新しいご当地グルメに**肉巻きおにぎり**がある。その名のとおり、おにぎりを秘伝のタレに漬け込んだ豚肉で巻き、香ばしく焼きあげた新感覚のおにぎりだ。チーズなどのトッピングもあり、いろいろな味が楽しめる。

「南国」宮崎ならではの美味しいフルーツもおすすめだ。絶対に食べてほしいのは、東国原《ひがしこくばる》元知事の宣伝で有名になった**完熟マンゴー**である。

完熟マンゴーは自然に落下するまで樹上で完熟させる。そのため、果肉

完熟マンゴー

は繊維質《せんいしつ》が少なくて柔らかく、濃厚な甘みがあり、とても美味である。完熟マンゴーのなかでも、重量三五〇グラム以上、糖度《とうど》一五度以上の厳しい基準を満たすものだけが**「太陽のたまご」**の称号を与えられる。

完熟フルーツには、マンゴーだけでなく**完熟きんかん**もある。樹上で完熟させた金柑《きんかん》は、金柑とは思えないほど大きくて甘くなり、生で丸ごと食べることができる。このうち、糖度一八度以上で形の大きいものには**「たまたま」**というオリジナルブランド名がついている。

宮崎県原産の柑橘《かんきつ》・日向夏《ひゅうがなつ》も忘れてはいけない。日向夏の果肉は酸味《さんみ》があり、甘さが控《ひか》えめで独特の風味が強い。他の柑橘類とは違い、皮の内側の白い部分もそのまま食べられるので、表面の黄色い部分だけを薄く剥《む》いて食べる。生食はもちろん、お菓子やジャム、ドレッシングなどの加工品にも使われる。また、醬油を少しかけて、お酒のつまみとして食べることもある。

お土産にぴったりなのが、チーズ饅頭だ。洋風生地の皮で餡《あん》の代わりにチーズを包んだチーズ饅頭は、今や「宮崎の郷土菓子」としてすっかり定着している。県内では二五〇ほどの店舗で取り扱っているが、店ごとに特徴があり、各店のこだわった味にそれぞれのファンがいる。観光や史跡めぐりなどとともに、自分好みのチーズ饅頭を探してみるのも楽しい。

（河野悠子）

焼酎——銘柄の多さと地域のひいき

お米で造られた日本最古の酒とされるのは、『日本書紀』のなかで述べられている天甜酒《あまのたむさけ》である。

この酒は、コノハナサクヤヒメ（ニニギノミコトの妻）が、子育ての際に母乳不足をお米で造った甘酒（天甜酒）で代用したとされるものである。宮崎県西都《さいと》市《し》が日本清酒発祥の地といわれるゆえんであるが、日本酒醸造に主に用いられる黄麹《きこうじ》は温暖な気候には不向きであった。

一方、クエン酸を多量に生成し、もろみの腐敗《ふはい》を防ぐことができる焼酎麹の方が風土に向いており、このあたりに宮崎に焼酎が根付く化学的根拠があったのではないかと思われる。

宮崎県の焼酎

実際に焼酎が普及した要因としては、手頃な価格と飲みやすさ、酔い覚めがさわやかで健康的であること等が考えられる。加えて、お湯割りやロック、炭酸割りなど個人の嗜好《しこう》に合わせた飲み方が可能であること、自宅や宴会などのいろいろな場面にマッチする親しみやすさも人気の秘密ではないかと思われる。

宮崎の焼酎は、他県の焼酎と異なって、芋、麦、米、さらには蕎麦《そば》、トウモロコシ、栗、山芋など原料の多彩さが特徴である。昔は、県南の芋、県央の麦や米、県北の麦や蕎麦等といった地域的特性があったが、原材料の流通が便利になった現在では、県内すべてのエリアで様々な焼酎が造られるようになっている。

銘柄も数多く、「霧島《きりしま》」や「日向木挽《ひゅうがこびき》」が県下全域で多く流通しているほか、県北では「御幣《ごへい》」「高千穂《たかちほ》」「天照《てんしょう》」「雲海《うんかい》」、県央では「百年の孤独」「正春《まさはる》」「月《つき》の中《なか》」「川越《かわごえ》」、県西では「明月《めいげつ》」「宗一郎《そういちろう》」、県南では「甕雫《かめしずく》」「飫肥杉《おびすぎ》」「八重《やえ》桜《ざくら》」「松露《しょうろ》」等がある。

なお、すっかり定着している「本格焼酎」という呼称は、江夏順吉（当時の霧島酒造社長）が昭和三十二年（一九五七）に提唱し、昭和四十六年に国に認められたものであり、「焼酎王国宮崎」の面目がある。

（河野　誠）

有名人——誰もが知っている芸能人・スポーツ選手・文化人

宮崎県出身者は、さまざまな分野で活躍している。

芸能界をみてみると、歌手・ミュージシャンでは、**今井美樹**《いまいみき》、**鬼束**《おにつか》**ちひろ**、**小渕健太郎**《こぶちけんたろう》（コブクロ）、**秦基博**《はたもとひろ》、**KEIJI**（EXILE《エグザイル》のメンバー）、**松田弘**《まつだひろし》（サザンオールスターズのドラマー）、**谷道夫**《たにみちお》（デュークエイセスのリーダー）などがいる。

ほかに、個性派俳優の**温水洋一**《ぬくみずよういち》、俳優だけでなく写真家としても活動している**永瀬正敏**《ながせまさとし》、大河ドラマ『篤姫《あつひめ》』をはじめ多くの話題作に出演している**堺雅人**《さかいまさと》、独特の存在感で一九六〇年代〜七〇年代にかけて数々の映画やドラマに出演した**緑魔子**《みどりまこ》、本県が舞台のNHK連続テレビ小説『わかば』にも出演した**斉藤慶子**《さいとうけいこ》、タレントの**浅香唯**《あさかゆい》、ファッションモデルの**蛯原友里**《えびはらゆり》、バレエダンサーの**西島千博**《にしじまかずひろ》などがいる。

宮城県の柔道教室で中学生を指導する全日本男子の井上康生監督（2012年12月）

また、スポーツ選手も多く輩出している。**青木宣親**《あおきのりちか》（ミルウォーキー・ブルワーズ所属）、**赤川克紀**《あかがわかつき》（東京ヤクルトスワローズ所属）、**寺原隼人**《てらはらはやと》（福岡ソフトバンクホークス所属）、**武田翔太**《たけだしょうた》（福岡ソフトバンクホークス所属）などの野球選手、**伊野波雅彦**《いのはまさひこ》（ヴィッセル神戸所属）、**興梠慎三**《こうろきしんぞう》（浦和レッドダイヤモンズ所属）、**増田誓志**《ますだちかし》（鹿島アントラーズ所属）などのサッカー選手、女子プロゴルファーの**大山志保**《おおやましほ》、柔道家の**井上康生**《いのうえこうせい》、水泳選手の**松田丈志**《まつだたけし》などがいる。

文化人には、ノンフィクション作家の**高山文彦**《たかやまふみひこ》、詩人の**銀色夏生**《ぎんいろなつお》、『釣りバカ日誌』原作者の**やまさき十三**《じゅうぞう》、漫画家の**赤星**《あかぼし》**たみこ**や**東村**《ひがしむら》**アキコ**、主に神楽《かぐら》や桜をテーマにすることで有名な画家の**弥勒祐徳**《みろくすけのり》などがいる。

このほか、ヤマダ電機創業者で現会長の**山田昇**《やまだのぼる》、元読売巨人軍取締役球団代表の**清武英利**《きよたけひでとし》、料理人の**川越達也**《かわごえたつや》、アニメ映画『もののけ姫』のテーマ曲で一躍有名になった声楽家の**米良美一**《めらよしかず》、天才チンパンジーパンくんを育てたことで有名なアニマルトレーナーの**宮沢厚**《みやざわあつし》、大相撲の立行司・三十五代**木村庄之助**《きむらしょうのすけ》なども本県出身である。

（河野悠子）

方言――「人」の表現に優れた宮崎弁

方言は土地に根づいた生き物である。

平成二十二年（二〇一〇）宮崎日日新聞社は、宮崎の方言の実態を把握すべく「残さんね宮崎弁」アンケートを実施した。質問事項は六つであった。そのうち、方言そのものの質問は、
問一、この先ずっと残したい方言は何ですか。

問二、もっとも好きな方言は何ですか。

問三、県民性をよく表している方言は何ですか。

問四、県外の人に知ってもらいたい方言は何ですか。

（問一・問三は一つ、問二・問四は三つまで回答可）

以上の四つからなっていた。

一二四三件の応募があり、選考委員会は応募上位のなかから「全国に誇り、次の世代に残していくのにふさわしい宮崎弁」「県民性をよく表している宮崎弁」等を考慮して、大賞は「テゲテゲ」となった。「テゲテゲ」は、問三で一位、問四・二位、問二・三位、問一・五位であった。

県内では、交通安全週間になると「てげてげ運転追放」の幟《のぼり》が道路沿いにはためく。「テゲ」は大概《たいがい》・大体・大凡《おおよそ》・程々《ほどほど》の意味で、「テゲテゲ」になるといい加減さが強調される。しかし、テゲテゲは、「無理せず何事も程々に」との宮崎県人の生活信条が含まれた方言である。方言には、その土地で生活している人の心の持ちようが反映されている。

宮崎弁の「人」表現は優れている。

男性を「イモガラボクト」、女性を「ヒュウガカボチャ」と表す。「芋幹木刀」は芋の茎《くき》で作った木刀《ぼくとう》のようなもの、見かけ倒しで役に立たないものと謙遜《けんそん》の思いをこめての表現であり、「日向南瓜」は丸顔で愛嬌《あいきょう》のある愛くるしい女性に、親しみの情をこめた表現である。また、子どもたちのかわいらしさ、愛らしさを

「モゾラシィ」「ムゾラシィ」「ムジィ」と表す。語感からしても、いかにもそれらしい表現である。

男衆は「ダリヤミ（ダレヤメ・ダイヤミ）」晩酌を好む。宮崎県で晩酌といえば、日本酒ではなく焼酎である。一日の最後にダリヤミを楽しみにしている人は多い。ダリヤミは「だれ」を「止む」、疲れを止める意が込められている。しかし、「ショックレ」＝大酒飲みになり、酔ってくだを巻く＝「ヤマイモホリ」になると、嫌われるのは全国共通である。

方言は、生まれてすぐ母親や家族から耳にし、その土地に住む人には何ら違和感を覚えることはない。しかし、県外から宮崎県を訪れた人が勘違いする方言がある。二つ例をあげてみよう。

○「ナオス」と言うから、修繕《しゅうぜん》するのかと思い、その行為を見ていると「しまう」「片づける」であった。

○うどん屋へ行き、天ぷらうどんを注文した。目の前に運ばれてきたうどんには、エビの天ぷら等ではなく、さつま揚げのような魚の擂《す》り身《み》を揚げたものがのっていた。値段からするとなるほどと納得したが、驚いた。

宮崎弁は大別して二種あり、以上のような広く宮崎県で使われる豊日《ほうにち》方言（日向弁）と、もう一つ、鹿児島県に接する都城《みやこのじょう》市《し》周辺では諸県弁《もろかたべん》が使われている。諸県弁について、今でも年配の男性から「アタイ、アヤモショネ」（私、全く気力も体力もない）と耳にすると、方言のすごさを実感する。

かつて、よその家にお邪魔する時やお店に行く時、「メアゲモソ（御免ください）」と声をかけると、「ウチオジャンセ（どうぞお入り下さい）」「ナンカ用ジャヒカ（何か御用ですか）」との会話が日常的に交わされていた。しかし、このような諸県弁の継承も難しくなりつつある。伝統方言を継承してゆくには、会話が成立する家庭環境があってこそだからである。

言葉は変化してゆく。伝統方言が消滅してゆくのは仕方がない。一方、新聞社の取り組みのように老若の垣根を越えて方言が注目されるキャンペーンは効果的であった。伝統芸能や昔話の継承とセットにして、学校や公民館で意識的に演出を試みるなど、現在は方言を「残す時代」といえるかもしれない。

（矢口裕康）

企業——宮崎から世界へ

世界を視野に入れて展開する宮崎の企業には、化学・住宅・エレクトロニクス・医療等の事業を推進する**旭化成《あさひかせい》株式会社**、カテーテル製品等医療機器関連の**東郷メディキット株式会社**、太陽電池の**ソーラーフロンティア株式会社**、大型旅客機内装品製造の**株式会社宮崎ジャムコ**などの企業がある。

世界に広がるということで紹介したい企業は、**株式会社虎屋《とらや》**。延岡市《のべおかし》の菓子店で、地域の歴史や文化に根差した故郷の大切な味を育む名店である。大御《おおみ》神社(日向市《ひゅうがし》)のさざれ石をモチーフにした「日向《ひむか》のさざれ石」や、郷土の歌人若山《わかやま》牧水《ぼくすい》の歌碑を表現した「顕彰銘菓《けんしょうめいか》若山牧水」、水郷延岡の伝統漁法「鮎《あゆ》やな」にちなんだ「鮎やな餅」など、味の確かさはもとより、由緒も楽しい商品をつくり出している。

延岡の伝統漁法、鮎やな

破れ饅頭

旭化成延岡展示センター（要予約、電話0982-22-2070）　住所／延岡市旭町6丁目4100　交通／JR延岡駅より車で10分

そうした魅力的な商品が数々あるなかに、「破れ饅頭《まんじゅう》」という菓子がある。山芋をベースとした米粉《こめこ》の皮《かわ》と小豆《あずき》の風味豊かなつぶ餡《あん》で仕立てた饅頭で、本名は「皇賀玉《おがたま》饅頭」という。一個は手のひらに包みこまれるほどの一口サイズで、優しい甘さの菓子である。『古事記』にも登場する高千穂の「岩戸開き」神話で、天鈿女命《あめのうずめのみこと》が舞う際に手に持っていたとされる御神木「招霊《おがたま》」の木の実の形を模して作ったとされる。そこここに皮が破れ、中の餡が見えることから、いつとはなしに「破れ饅頭」と愛称され、現在に至っている。慶長十九年（一六一四）には、延岡城下の佐々木某氏によって作られていたと伝えられている。「破れ饅頭と一緒の写真を送って下さい」というユニークな「日本中で、世界中で破れ饅頭キャンペーン」を展開中の虎屋。地の果て南極からもベルギー人の著名な冒険家アラン・フーバート氏が破れ饅頭を手にして微笑む写真が送られてきたという。地元で不動の人気を誇るばかりでなく、県外、さらには海外にも羽ばたいている。

（河野　誠）

第２章　「ハル」で切り取る宮崎の地誌・歴史編

西都原古墳群（西都市）

宮崎の「ハル」とは？

宮崎県の地図を開くと、いたるところに「原」の字のついた地名が目につく。この「原」はハルと読む。ハラではなく南九州ではハルである。古墳群、古代から近世にかけての牧《まき》、近代の軍用飛行場、そして戦後の入植開拓地《にゅうしょくかいたくち》など、このハルを抜きにしては宮崎の歴史は語れない。そして今、このハルが注目をあつめている。

都城《みやこのじょう》盆地の高木原《たかぎばる》をはじめ広大なハルはたくさんある。なかでも、美々津《みみつ》(日向市《ひゅうがし》)と青島《あおしま》(宮崎市)、それに東諸県郡綾町《ひがしもろかたぐんあやちょう》を結ぶ宮崎平野の西側は、大半がこのハルで、百丁原《ひゃくちょうばる》・三ケ月原《みかげつばる》・川南原《かわみなみばる》・茶臼原《ちゃうすばる》・新田原《にゅうたばる》・西都原《さいとばる》・六野原《むつのばる》などと続くハルは、海抜五〇～一五〇メートル程度の洪積世台地《こうせきせいだいち》である。かつては宮崎の貧しさと課題を象徴していた畑作地帯であった。ハルを区切るいく

650万本の花が咲く児湯郡高鍋町のヒマワリ畑

つもの河川に恵まれながらも、極めて水の乏《とぼ》しい乾《かわ》いた台地で、台風も恵みの水をもたらすといわれた地であった。そして今、畜産業、蔬菜《そさい》栽培を柱に生き返った地である。

　明治四十四年（一九一一）から大正四年（一九一五）に知事であった有《あり》吉《よし》忠一《ちゅういち》は、この乾いたハルに目をつけ、その水田化を推《お》し進《すす》める一方で、「本県ハ沃野広漠《よくやこうばく》、四季ノ調和ハ克《よ》ク、畜産育成ノ業ニ適ヒ大ニ斯業《しぎょう》発展ノ望ヲ有セリ、故《ゆえ》ニ幾多《いくた》奨《しょう》励《れい》方法ヲ設ケ……」と、この大地での畜産育成に力を入れた。

昭和三十六年（一九六一）の農業基本法制定以来の農地整備や構造改善事業、昭和五十年代の農業に関する「制度事業」の全盛にもかかわらず、大規模国営農地開拓パイロット事業の失敗や、国際的な農産物の価格競争のあおりをうけて、米作中心の従来の農業のあり方が方向転換を迫られたとき、ハルは新しい使命を担った。宮崎の農業生産の主力が米にかわって牛・豚・鶏となり、タバコや蔬菜のピーマン・キュウリ・キャベツ・白菜・カンショが主要農産物となったとき、ハルは多様な命をもった。また農業生産ばかりでなく、ヒマワリ・菜の花、コスモスなどを広大な地に咲かせ、季節的な観光地としても生かせる工夫が試みられている。

（永井哲雄）

原(ハル)に築かれた日向の古墳群

古墳時代はヤマト王権と政治的連合を結んだ地域の首長が前方後円墳《ぜんぽうこうえんふん》を造営する時代で、前期（三世紀中ごろ～四世紀）・中期（四世紀末～五世紀）・後期（五世紀末～六世紀）・終末期（六世紀末～七世紀前半）に分かれる。

日向《ひゅうが》においては前期前半の段階に一四〇メートル級の前方後円墳が、中期前半には一七〇メートル級の巨大古墳が造営され、最終的には一六五基が確認されている。また特徴として、小丸川《こまるがわ》以南に分布する内部主体としての地下式横穴墓《ちかしきよこあなぼ》が挙《あ》げられる。

前方後円墳を主体とする古墳群として主なものは、北から五ヶ瀬川《ごかせがわ》下流域の南方《みなみかた》古墳群（延岡市《のべおかし》、六基）、小丸川下流域左岸の持田《もちだ》古墳群（児湯郡高鍋町《こゆぐんたかなべちょう》、一〇基）、川南《かわみなみ》古墳群（同郡川南町《かわみなみちょう》、二五基）、一ツ瀬川《ひとつせがわ》中流域右岸の西都原《さいとばる》古

西都原考古学博物館　住所／西都市大字三宅字西都原西5670　交通／宮崎空港・宮交シティよりバスで「西都バスセンター」下車、車で10分

墳群（西都市《さいとし》、三二基）、同左岸の新田原《にゅうたばる》古墳群（児湯郡新富町《しんとみちょう》、二五基）、大《おお》淀川《よどがわ》下流域左岸の下北方《したきたかた》古墳群（宮崎市、四基）、本庄《ほんじょう》古墳群（東諸県郡国富《ひがしもろかたぐんくにとみ》町《ちょう》、一七基）、同右岸の生目《いきめ》古墳群（宮崎市、七基）、同中流域の高崎塚原《たかさきつかばる》古墳群（都城市高崎町《みやこのじょうしたかさきちょう》、一基）、牧ノ原《まきのはる》古墳群（都城市高城町、三基）、福島川《ふくしまがわ》下流域の福島古墳群（串間市《くしまし》、三基）などがある。特に小丸川、一ツ瀬川、大淀川が流れる広義の宮崎平野部に前方後円墳の約九割が集中している。

なお、宮崎平野部の西都原古墳群・新田原古墳群、都城盆地の高崎塚原古墳群・牧ノ原古墳群など、古墳群の名前に「原《はる》」をつけた古墳群が多い。「原」とは九州山地や尾鈴《おすず》山地の東側の山麓に接して広く展開している平坦《へいたん》な洪積台地《こうせきだいち》のことであり、川から見上げる位置に視覚的に配置するために、川に面した「原」の縁に前方後円墳が群集して造営された。

前期は生目古墳群に代表され、首長墓の系譜は一号墳（墳長一三六メートル、三世紀末～四世紀初め）→三号墳（一四三メートル、四世紀中ごろ）、二二号墳（一〇一メートル、四世紀後半）→一四号墳（六三メートル、四世紀後半）→空

川南古墳群　住所／児湯郡川南町川南西の別府　交通／JR川南駅より車で15分

白期↓七号墳（四六メートル、五世紀後半）である。一号墳は墳丘《ふんきゅう》規格の比較検討から箸墓《はしはか》類型で、一号墳・三号墳は前期の前方後円墳では九州で最大規模であるが、四世紀後半段階には規模が縮小化し、五世紀前半には中断している。なお七号墳は地下式横穴墓を内部主体とする前方後円墳である。

持田古墳群の「山の神塚」と呼ばれる28号墳（児湯郡高鍋町）

　中期の五世紀前半に、西都原古墳で男《お》狭穂塚《さほづか》（一七六メートル）・女狭穂塚《めさほづか》（一七六メートル）が造営され、台地の縁に並ぶ前期の一三号墳（八一メートル、土量八五〇〇立方メートル）に代表される墳長五〇～九〇メートルの七つの首長墓系譜はここで一つに統一される。女狭穂塚は仲津山《なかつやま》古墳の五分の三の規格であ

新田原古墳群　住所／児湯郡新富町新田　交通／JR日向新富駅より車で15 分

り、ヤマト王権直系のⅢ期の埴輪《はにわ》が出土している。五世紀後半になると前方後円墳の造営が中断し、ヤマト王権から配布された甲冑《かっちゅう》を副葬《ふくそう》する地下式横穴墓を内部主体とする円墳《えんぷん》が造営される。集落は墓域を仰《あお》ぎ見《み》る中間台地に立地している。

　後期になると、新田原古墳群（祇園《ぎおん》原《ばる》支群《しぐん》）の百足塚《むかでづか》古墳（七七メートル、六世紀前半）は横穴式石室の前方の外堤上に器財・人物・動物形埴輪を配置しており、継体《けいたい》大王の墓と推定される今城塚《いましろづか》古墳の埴輪祭式《はにわさいしき》を導入している。終末期には前方後円墳の造営が停止し、円墳の内部主体に畿内型横穴式石室を採用する鬼《おに》の窟《いわや》古墳（径三八メートル、

西都原古墳群の男狭穂塚・女狭穂塚（奥）と鬼の窟古墳（中央／西都市）

本庄古墳群　住所／東諸県郡国富町町内本庄地区　交通／JR宮崎駅よりバスで「国富」下車、徒歩５分

土量三八〇〇立方メートル、六世紀末〜七世紀初頭）や、方墳《ほうふん》である常心塚《じょうしんづか》古墳が造営される。

以上のように、日向における首長権を握る広域盟主墳（前方後円墳）は、前期前半には生目古墳群の生目一号墳（墳長一三六メートル）・三号墳（一四三メートル、土量約四万三〇〇〇立方メートル）、中期前半には西都原古墳群の男狭穂塚（一七六メートル、約九万二〇〇〇立方メートル）・女狭穂塚（一七六メートル、約八万一〇〇〇立方メートル）と変遷し、当該期における九州最大規模の古墳が造営されている。

後期後半には、今城塚古墳の埴輪祭式を導入した祇園原古墳群の百足塚古墳（七七メートル）と、そのなかで広域首長権が移動している。その空白期に大隅の唐仁大塚《とうじんおおつか》古墳（一五四メートル、五世紀前半）と横瀬大塚《よこせおおつか》古墳（一四〇メートル、五世紀中葉）がからみ、前期の早い段階からヤマト王権との密接な関係を維持しながら、南部九州の古墳時代社会が形成されたと考えられる。

（長津宗重）

生目の杜遊古館　住所／宮崎市大字跡江4058－1　交通／JR宮崎駅より車で約20分

人少なくして土地多し——

明治・大正期の宮崎県の移住案内

「宮崎県中興《ちゅうこう》の知事」と称される第十三代有吉忠一《ありよしちゅういち》は、大正四年（一九一五）任を終え、次の知事堀内秀太郎《ほりうちしゅうたろう》への県務引継書《けんむひきつぎしょ》のなかで「本県農家一戸当り平均耕地反別《たんべつ》は一町《ちょう》五反《たん》四畝《せ》歩《ぶ》と多い。農業労働力が不足している。従来移住案内又は開田《かいでん》（未墾《みこん》の地の開墾《かいこん》）調査書等により移住招致策を講じてきたが、効果は十分でない。県は、人口過剰《かじょう》の他府県への移住紹介の労を執《と》り、移民を収容した町村には相当の小屋掛料《こやがけりょう》を交付する。目下《もっか》香川県と交渉中である。移住者の増加をめざして保護・指導の施策を講ずべきだ」と述べている。

大正五年十月に発行された「宮崎県開拓起業案内」に、「気温温暖、土地は広く最も農業に適する地。人口の希薄と資本の未充実のため未墾の地が多い。大正四年、田四万二千九百十九町歩、畑六万七千二百四十九町歩がある。山林原野の開墾により田地約五千五百町歩、畑地約一万八千五百町歩、田に転換できる畑地約九千百町歩。これは、資本の充実と人口の増殖により開発可能だ。開田見込地は、東臼杵郡下三箇《ひがしうすきぐんしもさんげ》、西臼杵郡三ケ所《にしうすきぐんさんがしょ》、児湯郡川南《こゆぐんかわみなみ》・竹鳩原《たけくばる》・新田原《にゅうたばる》、宮崎郡上ノ原《かみのはる》・梅谷《うめだに》・福島《ふくしま》付近大炊田《おおいだ》、東諸県郡《ひがしもろかたぐん》錦原《にしきばる》・法華嶽《ほけだけ》、西諸県郡《にしもろかたぐん》野尻原《のじりばる》・漆《うるし》野原《のばる》の十二カ所」と紹介した。

いざ移住となると気になる開田見込み地付近の水稲の反当《たんとう》収量は二石、反当の土地価格は古田《ふるた》一九〇円、畑四六円、山林原野一六円、小作料は反当玄米で古田九斗、畑三斗としている。

明治三十年（一八九七）以降大正三年までに、一一七六戸の移民が宮崎県に呼び込まれた。移住後の資産増殖・成果佳良《かりょう》四一三戸、中等三四三戸、資産なく生計困難四二〇戸との報告がある。良と中の生計の戸が六四パーセントである。鹿児島県の三二八戸、愛媛県の二〇三戸、高知県の一四六戸など二四道府県から、大淀村《おおよどむら》へ一一二戸、新田村《にゅうたむら》へ九九戸、小林町《こばやしちょう》へ九五戸など、ほぼ県下全域に移住者（移民）があった。

（黒岩正文）

第十三代県知事・有吉忠一の三大開田事業

明治四十四年（一九一一）から大正四年（一九一五）にかけて宮崎県知事であった有吉忠一《ありよしちゅういち》は、県営鉄道の建設、開田《かいでん》事業、西都原古墳群《さいとばるこふんぐん》発掘など史跡の顕彰《けんしょう》、移民費の計上による宮崎県への移住奨励策《しょうれいさく》などを次々と展開し、「宮崎県中興《ちゅうこう》の祖」と称される。

三大開田事業とは、北諸県郡沖水村《きたもろかたぐんおきみずむら》の高木原《たかぎばる》開田用水路工事、東諸県郡国富町《くにとみちょう》の薩摩原《さつまばる》開田用水路工事、西諸県郡小林町《こばやしちょう》の二原《にわら》開田用水路工事である。

高木原開田は大正二年（一九一三）に着工。水源を県境の有里に求める高木原用水路開削に始まり、延長一六キロメートル、受益面積二六〇ヘクタールをめざした。沖水川をサイフォンで越える難工事を経て、大正八年に開田面積は四八二ヘクタールとなった。やがて開田地は第二次世界大戦の進む中、特攻隊の発進基地となる都城東飛行場として接収された。今はタイヤ工場・自動車関連事業所・道の駅・住宅地・飼料作物や里芋などの生産など、多様な活性化地となっている。

薩摩原開田は大正三年（一九一四）に始まる。八代《やつしろ》の籾木《もみき》に溜池（薩摩池・籾木池）を造成したが、当初予定の開田面積に達しなかった。土壌が赤ホヤ（火山灰土）のため保水力がことさら低く、高知・鹿児島・熊本・福岡・和歌山の各県からの移住者はあったものの、開拓者が少なかったことなどがその原因と考えられる。現在は、溜池事業の推進、綾川《あやがわ》国営農業水利事業などにより、一大農業地帯となっている。

二原開田は、明治三十四年（一九〇一）、郷人《さとびと》坂之下万右衛門らによって堰堤《えんてい》が造られ開墾《かいこん》されてはいたが、水路破損など復旧に難渋していた。県営開田用水工事として大正三年（一九一四）に着工し、翌年竣工した。

この三大開田は、開田地の四～五割を起業家が確保する契約を結ぶ当時の耕地整理や、労働力（夫役《ぶやく》）でしか対応できない農民の実情に鑑《かんが》み、宮崎県そのものが資本参加して開墾を推進したという一大政策の展開といえよう。

（黒岩正文）

原（ハル）に造られた戦時体制下の軍事施設

戦後、昭和二十五年（一九五〇）ごろの少年たちは、掩体壕《えんたいごう》（格納庫《かくのうこ》）に生活する人々を横目に、爆破の跡の残る滑走路に駆け込んだ。狙《ねら》いはコンクリートの継《つ》ぎ目《め》に埋《う》もれたコールタールだ。この地は児湯郡《こゆぐん》新田村《にゅうたむら》新田原《にゅうたばる》。昭和十四年（一九三九）、祖国振興隊に編成された中学校・女学校・尋常小学校の生徒も動員して鐘紡《かねぼう》の敷地・桑畑や原野を耕《たがや》し、滑走路造りが進んだ。基地には陸軍落《らっ》下傘《かさん》部隊が移駐し、パレンバン作戦に参加、さらに陸軍特攻隊の兵士がここから戦場に飛び立った。現地は今、航空自衛隊新田原基地となっている。

昭和二十年（一九四五）、旧制小林中学校の生徒は都城町《みやこのじょうちょう》の川崎航空株式会社に動員されていた。高木原《たかぎばる》一帯に展開する都城東飛行場に航空機を調達する工場である。五月八日朝、都城は米軍の猛爆撃を受けた。工場で働く中学生も被爆

宮崎空港航空写真（宮崎市）

し、若き学びの徒一〇人が命を失った。軍都都城には、戦闘の拡大につれて都城東飛行場、蓑原《みのばる》には従来の都城飛行場を拡張した都城西飛行場、野々美谷森田原《ののみたにもりたばる》一帯の都城北飛行場と次々に飛行場が建設され、「飛燕《ひえん》」「疾風《はやて》」などの飛行訓練から実践訓練へ、そして特別攻撃隊の発進地へと一変していった。

東《ひがし》諸県郡《もろかたぐん》木《き》脇村《わきむら》六野原《むつのばる》。大正十五年（一九二六）一五〇名余の在郷軍人会員が五日間をかけて野外飛行演習の補助滑走路を造成したという。昭和十七年（一九四二）には木脇飛行教育隊配置のため飛行場が建設された。見習士官・乙種《おつしゅ》少年飛行兵・特別幹部候補生総数四九七人が入隊し、訓練を受けた。

東臼杵郡冨高町財光寺原《ひがしうすきぐんとみたかちょうざいこうじばる》には早くも昭和四年（一九二九）、海軍冨高飛行場の建設が始まった。終戦直前には、鹿児島県鹿屋《かのや》飛行場から発進する特別攻撃隊の中継・待機・訓練基地として位置づけられた。

宮崎市赤江《あかえ》に位置し、「緑と太陽の国宮崎」の表玄関宮崎空港の前身は、海軍赤江飛行場である。周辺に今も掩体壕があり、当時の厳しい工事のありさまや兵士の面影が残っている。

（黒岩正文）

川南原に開かれた合衆国の知恵
——トロントロンと軽トラ市

児湯郡川南町《こゆぐんかわみなみちょう》の「トロントロン軽トラ市」は平成二十四年(二〇一二)十二月で七六回を数える。まさに発祥地にふさわしい賑《にぎ》わいぶりである。

川南町は宮崎県の中央部に位置し、東に日向灘《ひゅうがなだ》、西は九州山地である。江戸時代は高鍋藩《たかなべはん》野別府《のびゅう》川南郷で、明治二十二年(一八八九)川南村と平田村《へたむら》が合併して現在の町域ができ、昭和二十八年(一九五三)町制をしいた。川南原《かわみなみばる》と総称される広大な「ハル」は、江戸時代以降、移住する人々によって開発が進められてきた。とくに昭和二十年以降の旧軍事基地の開放により、全国ほとんどの県からの移住がみられることから、「川南合衆国」といわれてきた。進取《しんしゅ》の気運に富む町である。川南漁港も例外ではない。明治はじめには数戸だった漁村が、今では六〇〇戸を数える県央の一大沿海漁業基地である。

昭和四十年代、町の中央のトロントロン（地名）商店街を通る国道10号線のバイパスが開通すると、旧国道の商店街を中心として町内の諸産業の振興と活性化が求められ、始まったのが軽トラ市である。月一回、月末の日曜日午前中に開かれる。会場のトロントロン商店街の道路は、高低差五〇メートルのダラダラ坂が南北に五〇〇メートル続き、その道路の中央に商《あきな》い物《もの》をのせた軽トラックが規則正しく、毎回一五〇台前後並ぶ。商品は農畜産物・魚介類をはじめ、山海の珍味、各種工芸品などさまざまである。入場者は毎回一万人以上といい、他県市町村の見学者もあとを絶たない。

この賑わいの要因には、着想のよさがあげられる。生産者なら誰でも所有する軽トラの荷台を単位として、駐車する位置以外は皆同じ条件である。運営のよさや参加料の安さなどのほか、県内外の生産者が購買者と直結して、じかに客の反応を知ることである。集まる客はおおかたが自家用車であるが、〝市《いち》〟を取り囲んで、あちこちに広い駐車場が確保されている。使用する道路と併行して国道10号線が走っているので、一般の車の障害にならない。

また、この〝市〟の通りに沿って町役場ほか各種集会場、商工会など町の主要な機能が控《ひか》えていて、それぞれの立場で盛り上げ役に徹しているのも見のがせない。

（永井哲雄）

口蹄疫終息後1回目（2010年9月）のトロントロン商店街の軽トラ市（児湯郡川南町／まちづくりトロントロン TMO 事務局提供）

第３章　神話編

イザナギノミコトが黄泉国から戻って禊をしたと伝えられるみそぎ池・「御池」
（宮崎市阿波岐原町）

なぜ日本神話の舞台が日向なのか?

「此地《ここ》は韓国《からくに》に向ひ、笠沙《かささ》の御前《みさき》を真来《まき》通りて、朝日の直刺《たださ》す国、夕日の日照《ひで》る国ぞ。故《かれ》、此地《このち》は、甚吉《いとよ》き地《ところ》」

邇々芸命《ににぎのみこと》は「竺紫《つくし》の日向《ひむか》の高千穂《たかちほ》の久士布流多気《くじふるたけ》」に降臨し、その地をこのように賛美する。天照大御神《あまてらすおおみかみ》の孫、すなわち天孫の降臨について、『古事記』の記すところである。『日本書紀』では「日向の襲《そ》の高千穂峯《のたけ》」に降臨《こうりん》し、痩《や》せて荒れ果てた「膂宍《そしし》の空国《むなくに》」を通り、「吾田《あた》の長屋の笠狭碕《かささのみさき》」に到ると記している。

この日向とは、現在の宮崎県だけを示すのではない。熊本県南部と鹿児島県を含む広大な、いわゆる南九州全域を含んでいた。この広大な地域こそが力の源泉であり、その諸々の県《あがた》を統治したのが、宮崎平野を拠点とした「諸県君《もろかたのきみ》」であり、大王《おおきみ》（天皇）と親密な婚姻関係を有することになるのだ。

槵觸（くしふる）神社　住所／西臼杵郡高千穂町三田井713　交通／JR延岡駅よりバスで「高千穂バスセンター」下車、徒歩10分

「祝詞発祥の地」といわれ、イザナキ・イザナミを祭神とする江田神社。近隣に「御池」（みそぎ池）がある（宮崎市阿波岐原町）

『日本書紀』が記す「膂宍の空国」とは、火山灰台地の優勢な南九州の地勢を表したもの。しかし、朝日が上がり、夕日が落ちる東と西の海岸線、そして陽光煌《きら》めく南に開けた土地を併《あわ》せ持《も》つ、そのような景観を持ちうる場所は、日本列島のなかで他にはない。この太陽に最も近い所こそ、伊邪那岐《いざなき》命《のみこと》の禊《みそぎ》で誕生する、皇祖《こうそ》神《しん》にして最高神の太陽神・天照大御神の生誕の地となりえたのである。

そして、「韓国」に向かうとは、朝鮮半島の「韓」と中国大陸の「唐《から》」を含み、外洋に開けた所を意味している。日本列島の南端という位置は、異界としての海の外へとつながる境界でもある。だから、畿内の大王たちにとって、大陸・半島への海上交通の良港を持ち、その権益《けんえき》を掌握《しょうあく》する諸県

天岩戸（あまのいわと）神社　住所／西臼杵郡高千穂町岩戸1073－1　交通／JR延岡駅よりバスで「高千穂バスセンター」下車、車で15分

君とは、強く結びついておかねばならない相手であったのだ。

何よりも、こうした条件を併せ持つ場所こそが、最もよい所としての日向であった。

スサノオノミコトの乱暴に怒って天岩戸に隠れたアマテラスオオミカミを何とかして外に連れ出す相談をしたという天安河原（西臼杵郡高千穂町）

和銅五年（七一二）、稗田阿礼《ひえだのあれ》が誦習《しょうしゅう》（読み習った）した『帝紀《ていき》』や『旧辞《きゅうじ》』を、太安万侶《おおのやすまろ》が採録しまとめ上げた『古事記』と、その八年後に完成を見る『日本書紀』とでは大きな違いがある。

『日本書紀』は、日本の国の成り立ちを記した公式の歴史書である。「本文」と、そのあとに「一書《あるふみ》に曰《い》はく」と列記される異本からの記述によって成り立つ。その本文を公式見解と理解すると、『日本書紀』には出雲《いずも》神話がない。有名な「稲羽《いなば》の素兎《しろうさぎ》」

江田神社　住所／宮崎市阿波岐原町字産母127　交通／JR宮崎駅より車で15分

などは、「一書」のなかにもついぞ登場しない。このことは、日向神話が『古事記』『日本書紀』ともに、ていねいに叙述されていることと対照的であり、日向の重要性が際立つことになる。

天孫降臨の場所と伝わる「くしふる峰」の中腹にある槵觸（くしふる）神社（西臼杵郡高千穂町）

『古事記』は、天皇の帝王学の書、後宮《こうきゅう》の皇女の書、意富《おほ》（太・多）氏一族の書など、いずれにしても公《おおやけ》にすることを意図しなかった書として理解される。それゆえにこそ、神話について、高天原《たかまがはら》・出雲・日向という三つの世界を舞台として濃密に語られているのだ。

日向は、まず高天原神話の天地開闢《てんちかいびゃく》の国生み・神生みの神、伊耶那岐命・伊耶那美命《いざなみのみこと》の重要な場面でも登場する。伊耶那美が亡くなり、連れ戻そうと黄泉《よみ》の国に赴いた伊耶那岐は、蛆《うじ》たかる伊耶那美を見て、逃げ帰るこ

高千穂神社　住所／西臼杵郡高千穂町三田井1037　交通／JR延岡駅よりバスで「高千穂バスセンター」下車、徒歩15分

とになる。だが、高天原に戻るためには、黄泉の国の穢《けが》れを落とす必要があった。その禊《みそぎ》の場となるのが、「竺紫の日向の橘の小門《おど》の阿波岐原《あはきはら》」である。つまり、地上世界（葦原中国《あしはらのなかつくに》）と天上世界（高天原）をつなぐ経路を有する場所が、日向として認識されていたのだ。

その後、出雲神話の主役大国主神《おおくにぬしのかみ》は、地上世界を治めることを天照大御神に譲《ゆず》ることになる。「国譲り」の代わりに、出雲大社の起こりとなる、天にも届く宮殿を造ることを求める。ではなぜ、国譲りをした出雲に、邇々芸命は降臨しなかったのか。

それは、やはり天上世界と地上世界をつなぐ経路は、日向でなければならなかったのである。

（北郷泰道）

天地創造の神々は日向の空・山・海に宿る？

「天地《あめつち》初《はじめて》発《あらはれし》」（天と地が始まった）時、高天原《たかまがはら》には天之御中主神《あめのみなかぬしのかみ》、高御産《たかみむ》巣日神《すひのかみ》、神産巣日神《かみむすひのかみ》という万物の創造主である独神《ひとりがみ》などに始まり、次に神世七《かみよなな》代《よ》の独神《ひとりかみ》と二柱《ふたはしら》の神々が現れる。その最後に現れた伊邪那岐《いざなき》・伊邪那美《いざなみ》が、「是《こ》のただよへる国を修理《つくろ》ひ固《かた》め成《な》せ」と天《あま》つ神《かみ》たちから申し渡され、国生み・神生みを成すことになる。

生み出された十四の島、そのなかで筑紫島《つくしのしま》（九州島）には、「面《おも》四つ」ありとして筑紫国《つくしのくに》・豊国《とよのくに》・肥国《ひのくに》・熊曾国《くまそのくに》の四つの国をあげる。筑紫国は「白日別《しらひわけ》」（明るい日の男性）など、いずれも「日」の文字が織り込まれる呼称が記される。この段階では、日向国《ひむかのくに》の存在は示されない。しかし、「建日別《たけひわけ》」（勇猛な日の男性）とする熊曾国がその前身となり、最も「日」を象徴する国として、「日向」が浮

国見ヶ岡　住所／西臼杵郡高千穂町押方　交通／R延岡駅よりバスで「高千穂バスセンター」下車、車で15分

かび上がってくるのである。

次に、海や水、風や木、山や野の神、『古事記』では三五の神、『日本書紀』では四〇の神が生み出される。照葉樹林《しょうようじゅりん》と落葉樹林《らくようじゅりん》の織りなす多様な森林は、一木《いちぼく》一草《いっそう》・森羅万象《しんらばんしょう》に神の存在を感じさせるものであった。そして、複雑で長い海岸線という海に臨む多様な顔も、良港を与え、海の幸をもたらすものであり、海の向こうへとつながっていることを実感させる。

伊耶那岐・伊耶那美によって生み出された高天原の神々の神話は、西臼杵郡高《にしうすきぐんたか》千穂町《ちほちょう》に伝承されている。

科学的な言い方では、九万年前の阿蘇山《あそざん》の大噴火に伴う火砕流《かさいりゅう》（阿蘇溶結凝《あそようけつぎょう》灰岩《かいがん》）が、河川によって浸食《しんしょく》され、形成されたのが五ヶ瀬峡谷《ごかせきょうこく》である。

しかし、それは古代の人々にとっても、そして現在の私たちにとっても、神秘的な景観となり、高天原の舞台として、人々の心のなかに定着していったのである。

（北郷泰道）

五ヶ瀬峡谷　住所／西臼杵郡五ヶ瀬町大字鞍岡　交通／JR延岡駅よりバスで「高千穂バスセンター」で乗り換え「本屋敷」下車

五ヶ瀬峡谷の代表、高千穂峡谷

「日向三代神話」は何を語る？

瓊々芸命《ににぎのみこと》は、山の神である大山津見神《おおやまつみのかみ》の娘・木花佐久夜毘売《このはなさくやひめ》と結ばれる。だが、同時に、差し出された姉の岩長比売《いわながひめ》は、美しくはなかったため送り返される。

これは、「バナナ型神話」の一つとして理解されている。バナナと石の選択を迫られ、人間は食べることで消滅するバナナを選び、石（岩）が象徴する永遠の命を失うというものである。木花佐久夜毘売を選ぶことで、命は桜のように儚《はかな》く限りあるものとなった。

この神話から派生する伝承が、西都市《さいとし》に残されている。自分の姿を恥じた岩長比売は、顔を映《うつ》す鏡を憂《うれ》い、投げ捨てる。その鏡が木の枝に掛かり、日夜白く輝き＝「白見《しろみ》」、それが転じて銀鏡という地名が生じた。銀鏡神社は、岩長比売を祭神とする。

都萬（つま）神社　住所／西都市妻１　交通／JR宮崎駅よりバスで「西都」（終点）下車、徒歩15分

山幸彦とその妻トヨタマヒメ、シオツチノカミを祀る青島神社（宮崎市）

一方、一夜での懐妊《かいにん》を疑われた木花佐久夜毘売は、「神の子どもでなければ無事生まれないであろう」といわれ、身の証《あかし》を立てるために、戸を土で塗《ぬ》り塞《ふさ》ぎ、その産屋《うぶや》に火を放って出産をする。最初に生まれた火《ほ》照命《でりのみこと》・海幸彦《うみさちひこ》は、南九州在地の隼《はや》人《と》の祖先となる。次に生まれたのが火《ほ》須勢理命《すせりのみこと》、そして最後に生まれた火《ほ》遠理命《おりのみこと》・山幸彦《やまさちひこ》が、天皇家の祖先となる。

日向神話の中心となるのが、この海幸・山幸の神話である。互いの漁具・猟具を取り替えるが、海幸彦の

青島神社　住所／宮崎市青島2－13－1　交通／JR青島駅より徒歩10分

大切な釣り針を、山幸彦は失ってしまう。釣り針を探して、海の神・綿津見神《わたつみのかみ》の元へ行き、その娘・豊玉毘売《とよたまひめ》と三年の月日を暮す。やがて、釣り針を探し出した海の神は、山幸彦が海幸彦に返す時「貧鉤《まじち》」すなわち「貧しい釣り針」など、海幸彦を追い込む呪言《じゅごん》を唱えるようにと渡す。また、兄が高い所に田を作れば弟は低い所に、兄が低い所に作れば弟は高い所に作るように、と伝授する。さらに、兄が攻めてくれば溺《おぼ》れさせ降伏するように、塩盈珠《しおみつたま》と塩乾珠《しおふるたま》という潮の干満を調整する玉を渡す。

海の神は、水そのものをも統治する神であり、水田農耕や治水の重要性と、それが国土を治める根幹となることを説くのである。（北郷泰道）

天・地・海の神々の結婚と神武天皇の誕生

邇々芸命《ににぎのみこと》は山の神・大山津見神《おおやまつみのかみ》の娘・木花佐久夜毘売《このはなさくやひめ》を妻とし、山の力を取り入れる。山の神との和合の段階では、まだ兄・海幸彦《うみさちひこ》より弟・山幸彦《やまさちひこ》の力が優位であった。全国で唯一、服属した海幸彦を祭神とするのが、潮嶽《うしおだけ》神社（日南市《にちなんし》）である。

そして、山幸彦は、海の神・綿津見神《わたつみのかみ》の娘・豊玉毘売《とよたまひめ》を妻とし、海の力も取り入れる。豊玉毘売は、産屋《うぶや》を造るように願い、山幸彦が鵜《う》の羽で産屋の屋根を葺《ふ》き終らないうちに出産が迫る。豊玉毘売は、海の世界の姿に戻って出産するので、その様子を見ないようにと告げる。しかし、山幸彦はその産屋のなかを覗《のぞ》き、そこでサメの姿で出産する豊玉毘売を見ることになる。その姿を見られた豊玉毘売は、海との境を塞《ふさ》いで海の世界へと戻っていく。こうして、山の力とともに海の

宮崎神宮　住所／宮崎市神宮2－4－1　交通／JR宮崎神宮駅より徒歩8分

海幸彦を主祭神とする全国で唯一の神社、潮嶽神社（日南市）

力を併せ持つ鵜葺草葺不合命《うがやふきあえずのみこと》が誕生する。そうした神話を伝えるのが、鵜戸《うど》神宮（日南市）である。

鵜葺草葺不合命は、さらに豊玉毘売の妹・玉依毘売《たまよりひめ》を妻とし、海の力、すなわち国土を治める力を盤石《ばんじゃく》のものとする。その子・神倭《かむやまと》伊波礼《いわれ》毘古命《ひこのみこと》、のちの神武《じんむ》天皇の誕生についての神話伝承を伝えるのは、天孫《てんそん》降臨《こうりん》の地・高千穂峰《たかちほのみね》の麓《ふもと》の西諸県郡《にしもろかたぐん》高原町《たかはるちょう》である。生誕の地の伝承を伝える皇子原《おうじばる》や神武天皇の幼名にちなむ狭野《さの》神社などが所在する。

東征へと日向の地を船出した神倭

狭野神社　住所／西諸県郡高原町大字蒲牟田120　交通／JR高原駅より車で10分

神武天皇を主祭神とする狭野神社（西諸県郡高原町）

伊波礼毘古は、しかし、兄・五瀬命《いつせのみこと》を失うなどの苦戦を強《し》いられることになる。

「吾《あれ》は日の神の御子《みこ》と為《し》て、日に向かひて戦ふこと良くあらず、故、賤《いや》しき奴《やっこ》が痛手《いたで》を負《お》うひぬ。今よりは行《ゆ》き廻《めぐ》りて、背に日を負《お》ひて撃《う》たむ」

こうして、太陽神と強く結ばれた本来の姿を取り戻し、熊野から上陸を果たし、橿原宮《かしはらのみや》において即位を果たすことができたのである。

（北郷泰道）

神武東行（東征）は何を物語る？

記紀が述べる日向《ひゅうが》から国土統一に向かうカムヤマトイハレビコノミコト（神武《じんむ》天皇）の経路は、日向から次のようである。筑紫《つくし》豊国宇佐足一騰宮《あしひとつあがりのみや》（筑紫国菟佐一柱騰宮）→筑紫岡田宮（筑紫岡水門《おかみなと》）→阿岐《あき》国多祁理宮《たけりのみや》（安芸国埃宮《えのみや》）→吉備《きび》高嶋宮→紀国之男之水門《おのみなと》と記され、記紀ともほぼ同じ構成である。〈（　）内は紀の記述〉

この記述は、大和朝廷を成立させた国土統一が、まず西日本で進められ、現実には九州から大和という形ではないにしても九州から大和を結ぶ海路に沿って進められたことを示し、畿内～九州という線は大和朝廷の成立の上で、また皇統の成立の上で重要な意味を持っていると考えられる。また、今にいたるまで多くの人々の興味をひきつけてやまない所でもある。記紀には神武天皇の美々津御船出

「日本海軍発祥之地」碑（神武天皇東行御新発の地）　住所／日向市美々津町　交通／JR美々津駅より車で7分

江戸時代以前は神宮天皇社と呼ばれていた宮崎神宮（宮崎市）

の記述はないが、後世になって、この地を御船出の地として、その夢を伝えたものであろう。

　昭和九年（一九三四）十月五日「宮崎神宮において執行の神武天皇御東遷記念二千六百年祭」の当日に、全国各県の神武天皇《(カムヤマトイワレビコノスメラミコト)》を御祭神とする神社に対し宮崎県から「幣帛料奉奠《へいはくりょうほうてん》」を行うことになり、それに先だって神武天皇を御祭神とする神社の調査を各県に依頼した。その回答は、二九県二七一社にのぼり、村社以下は、一五六社であった（宮崎県は含まれていない）。このな

立磐神社　住所／日向市美々津町3419　交通／JR美々津駅より車で7分

かには、明治政府の国家的な立場での神社保護の政策により、明治維新以後、追祭神としたものや、あたらしく創建されたものもかなりあるとみられる。神社の分布傾向をみると、大分県七社、福岡県一六社、広島県八社、岡山県二七社、山口県一〇社、愛媛県二一社、奈良県一〇社などと瀬戸内沿岸各県に密に分布しており、記紀の記述が大きな影響をもっていることを示唆している。鹿児島県からの報告がないのも興味深い。また、神武天皇（カムヤマトイワレビコ）を主祭神とし、さらに社名にいただいている神社は一三社である。

いっぽう宮崎県内で、主神として神武天皇を奉祀した神社は、昭和十四年九月の調べでは一五社である。これには宮崎神宮は含まれていない。宮崎神宮は、江戸時代以前は神武天皇社と称され、とくに元禄十一年（一六九八）三月の史料には「神武天皇御廟所」（長田家文書）とみえる。

（永井哲雄）

美醜に迷う神様の選択とは？

アマツヒコホコホノニニギノミコト（以下ニニギノミコト）は笠沙《かささ》の御前《みさき》で、うるわしい美人に会われた。「誰のムスメか」とおたずねになると、美人は、「大《おお》山津見神《やまつみのかみ》のムスメ《むすめ》で、名をカムアタツヒメ、別にはコノヤナサクヤビメと申します」と答えた。

ミコトは重ねて「兄弟《はらから》があるのか」とたずねられて、「姉《あね》がいて、イワナガヒメと申します」と答えた。そこでミコトは「私はお前と結婚しようと思うがどうだろう」と言われると、「私はそれにはお答えできません」と言ったので、ミコトは父の大山津見神に使者を遣《つか》わされた。大山津見神は大変よろこび、姉のイワナガヒメとたくさんの結納《ゆいのう》の品をも添《そ》えて贈られた。

ところが、姉のヒメはたいそう醜《みにく》かったので、ミコトは姉ヒメを親に送り返さ

逢初川　住所／西都市大字三宅　交通／JR宮崎駅よりバスで「西都」（終点）下車、徒歩約20分

都農神社・江田神社・霧島神社とともに日向国式内四座のひとつとされる都萬神社。主祭神はコノハナサクヤヒメ（西都市）

れて、コノハナサクヤビメのみ留めおき結婚された。

このことを大山津見神はひどく恥じ、そして悲しみ、次のように申し伝えられた。

「わたしのムスメ二人とも贈ったのは、イワナガヒメをお召しになると天神《あまつかみ》であるニニギノミコトの命《いのち》は、どんな風雨にも耐える石《いわ》のように動かず永遠につづき、サクヤビメは木の花が栄えるようにと願って貢《すす》めましたのに。コノハナサクヤビメだけでは、天神ニニギノミコトの命は、木の花のよう

銀鏡（しろみ）神社　住所／西都市銀鏡518　交通／JR宮崎駅よりバスで「西都」で乗り換え「一ノ瀬」下車、車で20分

にはかないものにあられるでしょう」と悲しんだ。

これにより、今にいたるまで天皇の御命は、限りあるものになってしまった。神様でもそのように選択を誤られるように、人間は美醜によってさまざまな悩みをかかえ得る。今も、古代の人々も、またその伝承でも美醜の問題は永遠の課題で、なかなかこれを超えることはできない。

神話が今も私たちの心に生きるのは、このような課題をなまなましく伝えてくれることにある。妃の美醜の話は、垂仁《すいにん》天皇の時代になると、丹波から四王女が召されたが、うち二人は醜いために親元に返され、返された一人が近隣に恥ずかしいと自殺するという話となる。

でも宮崎県にはイワナガヒメを主神とする神社が、コノハナサクヤビメを主神とする神社より多くあるのは興味深い。

（永井哲雄）

疑いをもつ神様——
潔白を示すコノハナサクヤビメ

一夜を共にされたサクヤビメは、ニニギノミコトに、「わたしは妊娠しました。ちょうど出産しなければならない時になりました。この天神《あまつかみ》ニニギノミコトの御子《みこ》は、こっそり産むわけにはまいりません。どうしたらよいか、ご指示をください」と申し上げた。

ミコトは、「サクヤビメは一夜を共にしただけで妊娠したというのか。これは、私の子ではないのではないか。おそらく国《くに》つ神《かみ》の子ではないか」と疑う。（その実は、一夜孕《はら》みは神の子であることをも意味している）

それにたいして、サクヤビメは言う。

「私がおなかに身ごもった子が、もし国つ神の子であったら、お産の際には無事な出産ができないでしょうし、天神の子であったら無事に出産できましょう」

◀結婚したコノハナサクヤヒメとニニギノミコトの新居として建てられた御殿跡と伝える八尋殿（やひろどの）の跡（西都市）

▶コノハナサクヤヒメが戸のない産屋に火を放って3人の皇子を出産したと伝える場所、無戸室（うつむろ／西都市）

◀無事に生まれた3皇子の産湯として水を使われたと伝える児湯の池（西都市）

このように言ってすぐに、戸のない大きな御殿に産屋《うぶや》を造り、その産殿のなかに入り、出入りが出来ないように土をもって塗り塞《ふさ》いでしまわれた。そしていよいよ出産に臨んで、みずから火をその産殿に放って出産された。その火のもえさかるなかで出生された御子の名を火照《ほでり》の命《みこと》と申しあげ、この方は隼人《はやと》の阿多《あた》の君《きみ》の始祖といわれる方である。次に生まれた御子の名を火須勢理《ほすせり》の命《みこと》と、その次に生まれたのが火遠理《ほおり》の命《みこと》、別の名を天津日高穂々手見《あまつひこほほでみ》の命《みこと》と申し上げる。火照の命は海幸彦《うみさちびこ》ともいわれ、火遠理の命は山幸彦《やまさちびこ》とも申し上げる。

天神ニニギも、オオヤマツミノ神のムスメの妊娠を国つ神の子ではないかと疑いをもたれる構成のなかに、人間が生きていくなかで「人を疑う」ということについては、これも克服することのむずかしい人の性《さが》の問題であるが、その正しさは、神の加護である火によって証明されるという古代社会の呪力《じゅりょく》の考え方が示されている。神名にも「火《ほ》」の字が付されている。また四御子の出生については、のちに海つ神との結婚で、神武天皇が第四子で生まれ、「アマツヒツギ」（天《あま》つ日《ひ》嗣《つぎ》）の御子となられるという展開が示されている。

（永井哲雄）

無戸室（うつむろ）　住所／西都市大字三宅　交通／JR宮崎駅よりバスで「西都」下車、車で約10分

好奇心をおさえられず、海陸の往来がとざされた？

海神のムスメ、トヨタマビメは、夫であるホオリノミコト（日向《ひゅうが》での第二代目の神王）に申される。

「私は妊娠して、今、出産の時が参りました。天神《あまつかみ》の御子《みこ》を、海原《うなはら》（海中）で産んではなりません。それでこうして出て参りました」

このような次第で、その海辺の波限《なぎさ》に鵜《う》の羽をもって葺草《かや》にして産殿《うぶや》を造られた。ところがその産殿の屋根を葺《ふ》き終《お》えないうちに出産がせまった。トヨタマビメはその産殿に入られるときにホオリに申された。

「いよいよ出産というときには、佗国《あだしくに》の人（異郷人）は、本来の国の姿になって出産します。それでわたしも海神の本来の姿になって出産をしようと思います。どうか、あなたは見《のぞか》ないでください」

高屋神社　住所／宮崎市村角町橘尊1975　交通／JR宮崎駅より車で約15分

ウガヤフキアエズノミコトを主祭神とする鵜戸神社（日南市）

ホオリはこのことばを不思議なことだと思われて、我慢できずにとうとう出産の最中をひそかに覗《のぞ》き見られた。すると目にされたのは、トヨタマビメの姿ではなく、「八尋《やひろ》のわに」に変身して、くねくねとはい廻っておられた。ホオリは大変おどろいて遠くへ逃げてしまわれた。

トヨタマビメはそのことをお聞きになって、大変恥ずかしいと思われて、その御子を産むと、「私はずっと海《わた》つ道《みち》を通ってここに通《かよ》うつもりでいました。しかし、私の姿を覗き見されたことは、これはほんとに恥

鵜戸神宮　住所／日南市大字宮浦3232　交通／JR油津駅よりバスで「鵜戸神宮入口」下車

ずかしいことです」と申されて、御子を残したまま海つ国《わたつくに》と現し国《うつしくに》の境を塞《ふさ》いで海つ国に帰ってしまわれた。御子は名づけてアマツヒコヒコナギサタケウカヤフキアヘズノミコトと申される。

人は、止められるとなおさら好奇心が強くなる。この禁忌《きんき》はその人間の弱さを物語っていて、このことによって現国の人と海神国《わたつかみのくに》の自由な往来はできなくなってしまった。「なぜ、海の世界に自由に往来できないのだろうか」という古代人の疑念をこのように説明していると思える。

ヒコホホデミノミコトは五百八十歳まで高千穂《たかちほ》の宮に坐《おわ》される。その御陵《ごりょう》は、『古事記』では高千穂の山の西にあるとされている。

（永井哲雄）

水の支配者はだれ？

兄神の火照《ほでり》の命《みこと》（ウミサチビコ）から借りた釣針《つりばり》をなくした火遠理《ほおり》の命《みこと》（ヤマサチビコ）は、その釣針をさがして塩椎《しおつち》の神の助言で綿津見《わたつみ》の神（海神）の宮居《きゅうきょ》にたどりつき、そこでトヨタマビメに出会う。トヨタマビメは、ウミサチビコを見るなり心をかよわせた。また海父神は、「この人はアマツヒコの御子《みこ》でソラツヒコだぞ」と言い、その女《むすめ》トヨタマビメと結婚させて、海神《わたつみのかみ》の国にてトヨタマビメと過ごさせた。

ある日、トヨタマビメは、ホオリノミコトが嘆息《たんそく》されるのを聞き、父神に「今までこんなことはなかったのに、何か事情があるのでは」と申したので、父神は直接ホオリノミコトに「何か理由《わけ》でもあるのでは、どうしてここに来られたのですか」とたずねられた。

潮嶽（うしおだけ）神社　住所／日南市北郷町北河内8901－1　交通／JR北郷駅より車で8分

それまでの事情を話されると、海神は大小の魚どもを集めて「釣針をとったものはないか」とたずねられ、やがて赤鯛の喉《のど》から探し出された。海神は、ホオリノミコトに次のように教えられた。この釣針を兄神にお返しになるとき、「この釣針は、『おぼ鉤《つりばり》（ぼんやりする）・すす鉤（こころのすさむ）・貧鉤（まずしくなる）・うる鉤（愚かな）』と唱《とな》えて後手でお返しなさい。兄神が高いところに田

山幸彦（ホオリノミコト）とトヨタマビメの出会いを描いた「わだつみのいろこの宮」（青木繁画、石橋美術館所蔵）

を作ったら、あなたは低いところに、兄神が低いところに作ったら、あなたは高いところに作りなさい。それで兄神はしだいに貧しくなられるでしょう。兄神があなたを恨んで攻めてきたら、塩盈珠《しおみつたま》を出して溺《おぼ》らせ、また兄神が嘆《なげ》き訴《うった》えてきたら塩乾珠《しおひるたま》を出して生かし、悩ませ苦しめなさい」と二つの珠を与えられ、一尋《ひとひろ》ワニに命じてお送り返された。

この話は、人間の生活、あるいは国の統治者にとって最も大切な水の支配者が誰であるかを示すものであり、それはまた古代国家にとっても重要な農耕、とくに稲作を支配する神として海神の存在があり、やがて現《うつ》し世《よ》を支配する人皇《じんこう》に譲《ゆず》られ、人皇が支配するところとなるという設定がされている。

応神《おうじん》天皇の条にも、女性が産んだ「赤玉」の功徳の話や、神霊の「玉っ宝」、航海安全の鏡がみられ、人間の力の及ばないものを支えてくれるものとして語られている。

（永井哲雄）

古代の天皇は日向の女性が好き？

『古事記』や『日本書紀』に述べられている皇統《こうとう》のなかで、天皇が娶《めと》る日向《ひゅうが》の女性（妃《ひ》）については（妃名は『日本書紀』による）、

初代神武《じんむ》天皇と日向国《ひゅうがのくに》吾田邑《あたのむら》吾平津媛《あひらつひめ》

十二代景行《けいこう》天皇と日向髪長大田根媛《ひむかのかみながおおたねひめ》、日向国御刀媛《ひむかのくにみはかしひめ》（日向の高屋行宮《たかやのかりのみや》）

十五代応神《おうじん》天皇と日向泉長媛《ひむかのいずみのながひめ》

十六代仁徳《にんとく》天皇と日向髪長媛《ひむかのかみながひめ》

がみられる。いずれの天皇も長寿で、いわゆる「有徳《うとく》」の天皇といわれる方々である。そして景行天皇は「三輪《みわ》朝廷」の三代目、応神・仁徳天皇は「河内《かわち》朝廷」の方々で、皇統のなかでも時代を画《かく》した天皇とされている。これらの天皇の妃として日向の女性が登場するのは、さまざまな要因があると思われるが、記紀

景行天皇が日向に営んだ高屋行宮の伝承地のひとつ、黒貫寺（西都市）

が成立する以前の大宝《たいほう》二年（七〇二）に「筑紫七国《つくししちこく》に采女《うねめ》・兵衛《とねり》を簡《かん》点《てん》して貢進《こうしん》させる」とあり、さらに和銅《わどう》三年（七一〇）に「日向国《ひむかのくに》から采女を貢《こう》し、薩摩国《さつまのくに》から舎人《とねり》を貢する」とあることと無関係ではないと思える。

これらの妃のなかで御刀媛については、「於《おいて》二日向国一有二佳人《かじん》一」とみえ、日向に高屋行宮を営み「日向国」という国号を名付けられたという景行天皇の妃である。なかでも応神天皇に召され、その御子の仁徳天皇妃となった日向髪長媛は、その容姿が「其顔容麗美《そのかおうるわし》」「其姿容之端正《そのかたちのきらぎら》」(記)、「是国色之秀者《これかほすぐれたるひと》」「其形之美麗《そのかたちのかほよき》」(紀)と特筆され、とくにその出自の郡名は「諸県《もろかた》」、その姓《かばね》は「君《きみ》」、その父の名は「牛諸井《うしもろい》」とくわしく述べられている。それは令制のなかにみえる采女は郡が貢進単位で、郡少領《あがたのすけのみやつこ》(地方豪族)以上の姉妹や形容端正なるものが貢進される規定に見合っている。

髪長媛が産んだ幡梭皇女《はたびのおうじょ》が、雄略《ゆうりゃく》天皇の皇后になるが、これまで日向の女性が妃となっても皇后となった者はおらず、産んだ皇女が皇后になるという例は、これがはじめてといえる。しかし仁徳天皇の皇后磐之媛命《いわのひめのみこと》の孫にあたる雄略天皇は、幡梭皇女の甥にあたる眉輪王《まゆわのおう》に殺される。仁徳天皇をはさんで大和系の皇后磐之媛命(『古事記』では代表的な嫉妬深い皇后として描かれている)の系統と日向系の髪長媛の系統の争いが皇統をめぐる形で述べられている。(永井哲雄)

なぜ「日向三代神」の山陵が鹿児島県内にあるの？

明治七年（一八七四）七月十日、明治政府は突然、日向三代神話の中心である神々の御陵《ごりょう》「三山陵《さんさんりょう》」を鹿児島県内の旧薩摩国《さつまのくに》に一つ、旧大隅国《おおすみのくに》に二つ治定した。この時期何のために三陵を政府が治定するか、薩摩閥《さつまばつ》といわれた明治政府の意図がどこにあるか、それは江戸中期以来薩摩藩で盛んとなった「日向三代」の山陵についての著書が関心の深さを示している。

天保十四年（一八四三）には藩命で『三国名勝図会《さんごくめいしょうずえ》』全六〇巻、明治四年には、鹿児島県知藩事《ちはんじ》島津忠義《しまづただよし》の命で「薩隅日地理纂考《さつぐうにちちりさんこう》」全二八巻が著されている。

これらが根拠であることは間違いないところであるが、当時宮崎県（日向国《ひゅうがのくに》）内にこの伝承地として、ニニギノミコトの可愛山陵《えのやまのみささぎ》三カ所、ホホデミノミコトの高屋山陵《たかやのやまのみささぎ》四カ所、ウガヤフキアエズノミコトの吾平山陵《あびらのやまのみささぎ》は五カ所などあ

日向三代神話　記紀、延喜式にみえる御陵の記述

日向三代神話		御陵の記述				明治政府所在比定
		延喜式	古事記	日本書紀	天書	
①天孫降臨 ②コノハナサクヤヒメ結婚 ③火中出産	アマツヒコホノニニギノミコト	日向埃ノ山ノ陵　天津彦彦瓊々杵尊《アマツヒコホノニニギノミコト》　在㆓日向國㆒無㆓陵戸㆒	なし	葬㆓筑紫日向可愛（此云埃）之山陵㆒	崩㆓於日向宮崎宮㆒因以葬㆓于埃之山陵㆒也	○明治7　鹿児島県薩摩川内市宮内 明治29　御陵伝説地　北川町俵野可愛 明治29　御陵墓参考地　西都市西都原
④海幸・山幸 ⑤海宮遊行	ホホデミノミコト（ホオリノミコト）	日向高屋山上陵　彦火々出見尊《ヒコホホデミノミコト》　在㆓日向國㆒無㆓陵戸㆒	坐高千穂宮　伍佰捌拾歳　御陵者　即在高千穂山之西也	葬㆓日向高屋山上陵㆒		○明治7　鹿児島県霧島市溝辺町
⑥ウガヤフキアエズ誕生	ウガヤフキアエズノミコト	日向吾平山上陵　彦波瀲武鸕鷀草葺不合尊《ヒコナギサタケウガヤフキアエズノミコト》　在㆓日向國㆒無㆓陵戸㆒	なし	崩㆓於西洲之宮㆒　因葬㆓日向吾平山上陵㆒		○明治7　鹿児島県鹿屋市吾平町 明治29　御陵伝説地　日南市鵜戸

明治17年宮崎県地図

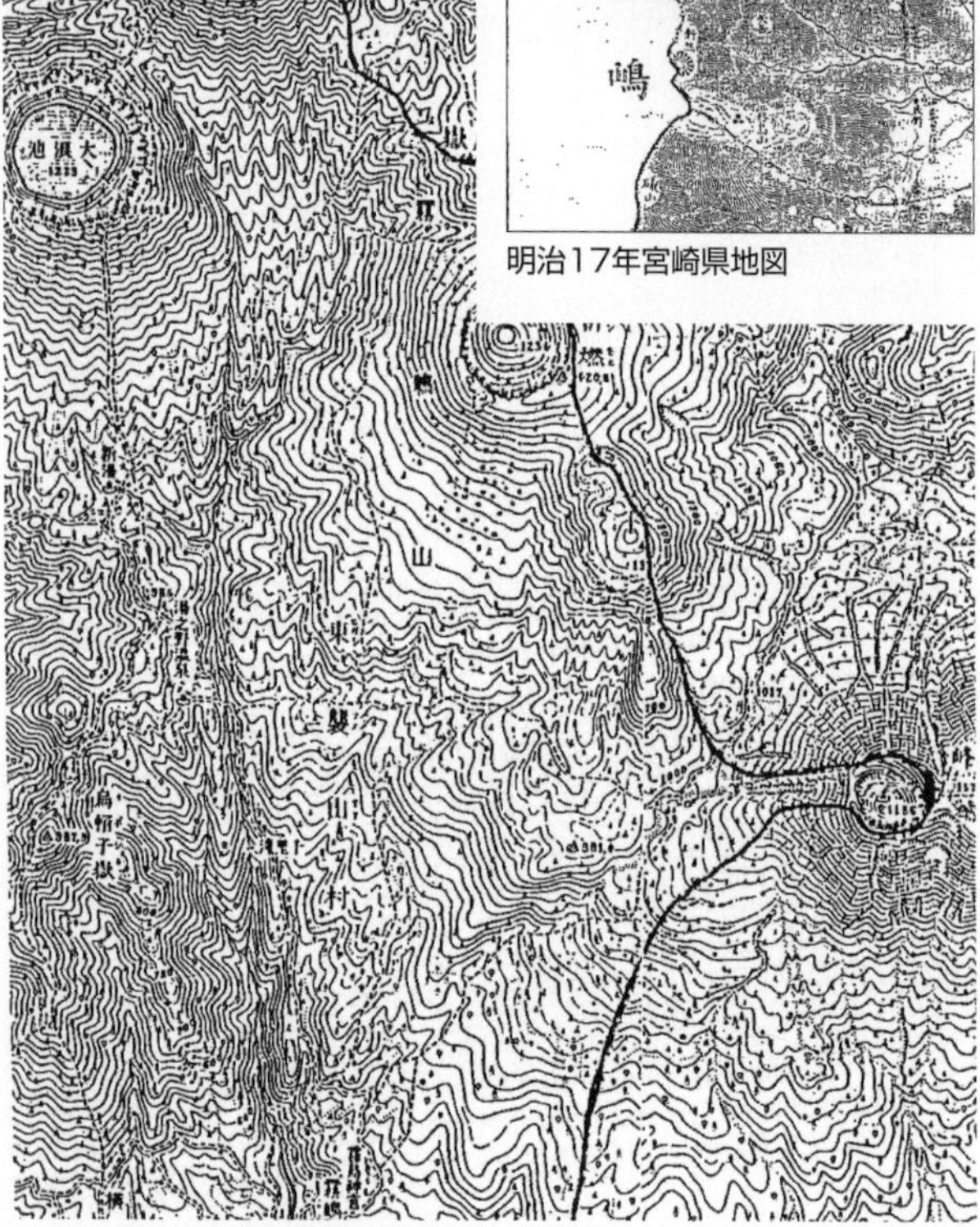

明治35年参謀本部陸軍測量局図　　（県境）

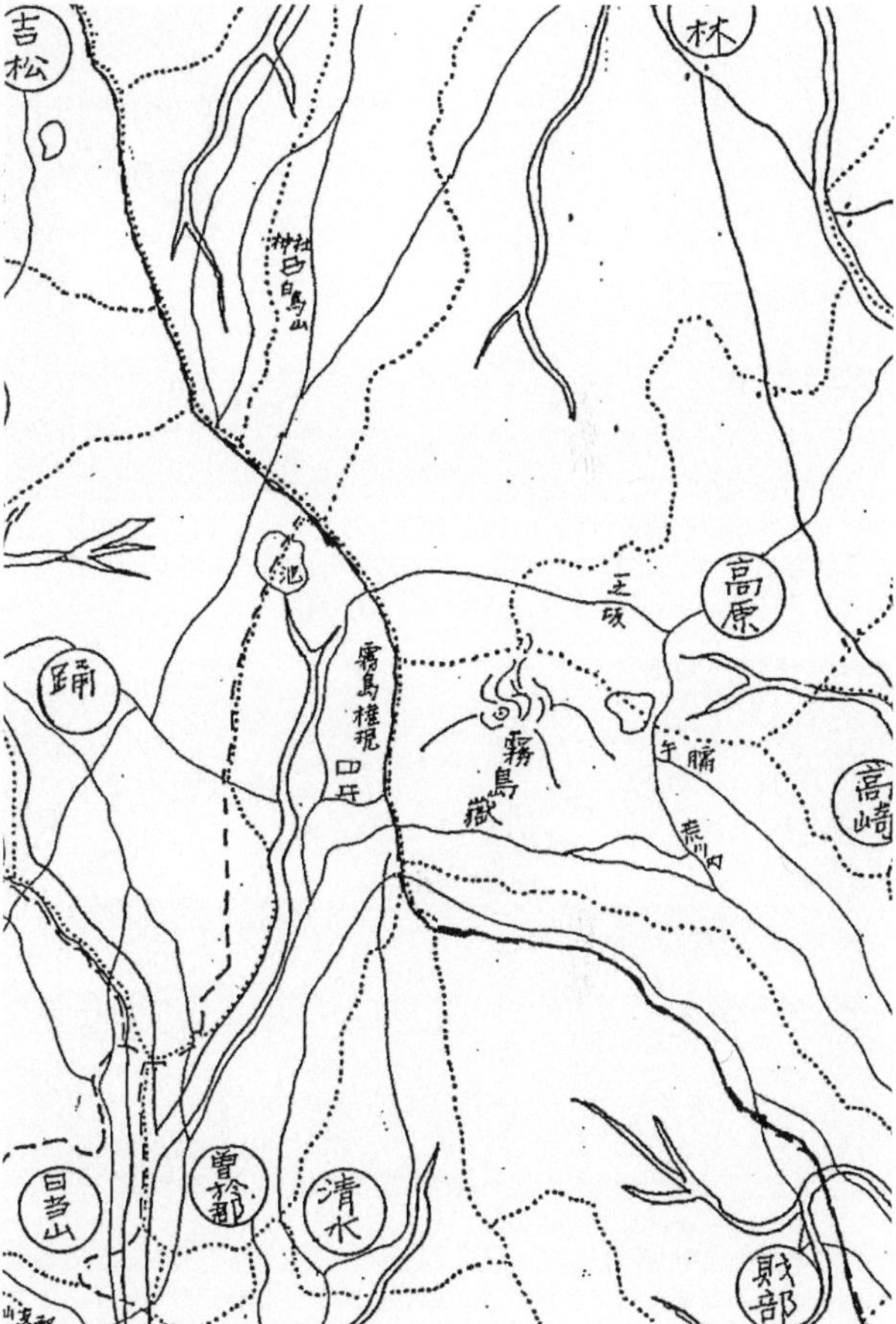

江戸時代薩摩藩領内図

国見ヶ丘から望む高千穂峰の山々。国見ヶ丘の名は、神武天皇の孫にあたる建盤龍命（たていわたつのみこと）が九州征討の際にこの丘に立ち、国見をされたことに由来する（西臼杵郡高千穂町）

日向三代（ニニギとコノハナサクヤビメ、ホオリとトヨタマビメ、ウガヤフキアエズとタマヨリビメ）の総称、高千穂皇神（たかちほすめがみ）を主祭神とする高千穂神社（西臼杵郡高千穂町）

ったが、明治政府はそれらについては調査だにしなかった。当然のことながら、これらの文献上の典拠は、別表のような内容であるので、「在㆓日向国㆒」を否定してのことである。

同じようなことがあった。それは、この三陵治定に先立って同明治七年二月十五日、教部省は「大隅国曽於《そお》郡《ぐん》鎮座《ちんざ》」であった霧島《きりしま》神社を『延喜式《えんぎしき》』に記載の「日向国諸県郡《もろかたぐん》霧島神社」であるとして官幣大社《かんぺいたいしゃ》に列している。これも日向国諸県郡内に『延喜式』の「霧島神社」に関係する五社があった証である。このようななかで、明治二十三年、霧島山の一部、今の高千穂峰《たかちほのみね》の一部の御鉢《おはち》が、鹿児島県に組み入れられている。これらの動きの焦点が記紀の「高千穂」の霧島山説の強化であることは否定できない。

しかし、明治政府も諸批判に応じかねたのか、明治二十九年には、宮崎県内の神話伝承地から、御陵墓参考地として一カ所、同伝説地二カ所を治定したが、『古事記』記載の「日向高屋山陵」については、「高千穂」にこだわったのか、参考地にすら治定していない。

（永井哲雄）

木下逸雲が写した逆鉾とは?

霧島山《きりしまやま》の高千穂《たかちほ》の峰《みね》の逆鉾《さかほこ》については、これまでさまざまな人が意見を述べ記録している。江戸時代後半だけでも、橘南谿《たちばななんけい》『東西遊記《とうざいゆうき》』（天明二〈一七八二〉〜三年頃）、高山彦九郎《たかやまひこくろう》『筑紫日記《つくしにっき》』（寛政五年〈一七九三〉）、松浦武四郎《まつうらたけしろう》『西海雑志《ざっし》』など、実際に登山して実見したものや、古川古松軒《ふるかわこしょうけん》『西遊雑記《さいゆうざっき》』（天明三年）のように、登山かなわず聞書きしたものなど多いが、いずれもこの峰の頂上に「誰が、何のために、いつ建立したか」の疑問をかかえての登山である。これについては、記録の面からも『古事記伝』や『麑藩名勝考《げいはんめいしょうこう》』や『一挙博覧《いっきょはくらん》』などの記事についての諸見解も多くみられるが、この疑問に答えるものはない。

文政十一年（一八二八）八月、肥前長崎の南画家《なんがか》木下逸雲《きのしたいつうん》（一八〇〇—一八六六）は、旅の途中、鹿児島城下から日向国「霧島東鉾《ひがしほこ》の峰《みね》」に登る。その登山記録

逆鉾西の方に向処形但東の方同様

此三捨三俣の鉾先の折跡ならんか
此間四寸三分
如此少高さ
横筋あり
東の方にはなし。
此間四寸
眉の如くにて高し
目長さ一寸四分半
端高し
ほほと見て高し
此ニ処少し高し
人中と見て左右の
核筋すこし高く
鼻より口の間七分
此立筋長弐寸二分位
少し高し
口と見て外廻り中の
核筋すこし高く
此辺よりすこし
惣形ゆがみたり
ひくし
東の方ハ此筋なし
此横筋より下弐分
低し惣丸の内
西の方斗り半分
如此横筋ありて
すこし高し

此図南面

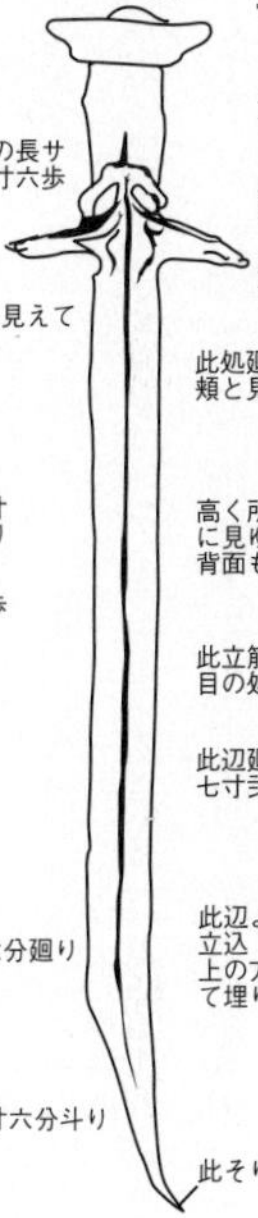
此所南方鉾の折跡と見ゆ
北の方へ並ミ又二所
同形のあとあり
上
此処
壱尺壱寸廻り
此処
七寸五分廻り
鼻の長サ
弐寸六歩
此処人間の
形あり
鼻長さ
弐寸九分
頬と見えて
高し
此処廻り八寸八分
頬と見へて高し
此所七寸
五歩廻り
高く所々かすか
に見ゆる処あり
背面も同じこと也。
此処弐歩
此立筋鋳形合を
目の処に見え小
此辺廻り
七寸弐分
此辺より地中に
立込
上の方は雑石に
て埋り。
此辺六分廻り
此間七寸六分斗り
此そり八分斗り

中の三ヶ処
鉾の先折跡の
様にも見也

但外廻り鍔様にも見ゆ、廻り壱尺八寸斗り

逆鉾真上より見る形

日向国霧島山絶頂立所の天の逆鉾真図

鉾惣長四尺弐寸八歩
全体丸くして大竹の如し
図中所々大小の星ハ朽たる処也

（写本）が西諸県郡高原町《にしもろかたぐんたかはるちょう》霧島東神社に伝わる。途中雨や濃霧にはばまれ案内者が止めるのも振り切って登山を強行して「天我にあわれみをたれたまひけん、風もなはてきりも晴、まことに一てんの雲もなく晴朗たり」とその望みを果たした。

彼の目的は、もっぱら「天《あま》の逆鉾《さかほこ》」にあり、画家のするどい目でその記述をしている。「橘南谿子がかいている西遊記には逆ほこ長さ一丈ばかり何程《なにほど》地中に深く入しや、しかるべからず、（中略）又ある人の説には八九尺、しかれどもいまある所は、尺寸たかへり」となぜ違うか、同じものかどうか疑問を呈して、「此《この》霧島山にのぼる人まれにてきくわひ《（奇怪）》の説など云《いい》つたへ聞つたへて見ぬ人の説までもつたは《（伝）》りて諸説まちまちなるゆへ、まさしく予、のぼりて見しまゝをしるしおきぬ」としるす。

「日向国霧島山絶頂（に）立所の天の逆鉾真図」として「鉾惣長《そうちょう》四尺弐寸八歩、全体丸くして大竹の如し、図中所々大小の星八朽《くち》たる処也」として「南面」「逆鉾真上より見る形」「逆鉾西の方に向処形《むかうところのかたち》　但《ただし》東の方同様」という精密な図を残している。

（永井哲雄）

霧島東神社　住所／西諸県郡高原町大字蒲牟田6437　交通／JR高原駅より車で15分

第４章　古代・中世の歴史編

都於郡城（西都市）

古代日向の白亀と今日のアカウミガメの上陸

亀は、古代中国では神霊《しんれい》が宿る動物とされていた。とりわけ、白亀など「奇《く》しき亀」は、神意を負った亀で、天子が天命を受ける兆《きざ》しで、祥瑞《しょうずい》（天子の徳によって泰平《たいへい》の世が実現されたことを示す、めでたいしるし）の中でも大瑞《だいずい》とされた。

このため、奈良時代にはしばしば白亀が出現して、年号が改元されている。最初は「霊亀《れいき》元年（七一五）」、次に「神亀《じんき》元年（七二四）」「天平《てんぴょう》元年（七二九）」、さらに、「宝亀《ほうき》元年（七七〇）」など、『続日本紀《しょくにほんぎ》』の記録によると、奈良時代だけで合計一六回の白亀の出現が報告されている。このうち、神護景雲《じんごけいうん》二年（七六八）には、日向国《ひゅうがのくに》宮崎郡の大伴人益《おおとものひとます》が白亀を献上している。続いて宝亀元年（七七〇）から宝亀六年（七七五）にかけて六件の白亀献上があったが、そのうち四件は肥後国《ひごのくに》からであった。このように、白亀の献上が続いたのは、律令《りつりょう》政

アカウミガメ（日南市教育委員会提供）

府にとっては政治がうまくいっている証拠であると考えられた。献上者となった日向国や宮崎郡には、その年の調庸《ちょうよう》等が免除されただけでなく、大伴人益も従八位下の位階と褒賞《ほうしょう》が与えられた。

日向をはじめとする南九州での白亀献上があいついだのは、南九州がアカウミガメの一大産卵地であったからと考えられる。北太平洋に生息するアカウミガメの大半は日本列島の砂浜で産卵（平成二十四年は日本全体で約二万頭が産卵した）するが、そのうち、最も多くの産卵が見られるのが南九州である。とりわけ、屋久島《やくしま》と日向灘に面した宮崎県の海岸部には数多くのアカウミガメが産卵する。

なお、南九州は隼人の地であるが、奈良時代の和銅五年（七一二）に成立した『古事記』には日向神話の「海幸山幸物語《うみさちやまさち》」がある。海幸彦から借りた釣り針をなくした山幸彦は、海神の娘であるトヨタマヒメと結ばれた。海幸彦は隼人《はやと》の祖であり、奈良時代には、海と関わりの深い隼人が朝廷を守る役割を担わされていることから、このような神話が取り込まれたと考えられる。日向ではアカウミガメはトヨタマヒメの使いとして大切にされていた。現在は宮崎県指定天然記念物となっている。

（岡本武憲）

薩摩の島津家の発祥地は日向？

中世以来南九州の雄として存在し続け、幕末維新にはその中心として活躍した薩摩《さつま》の島津家《しまづけ》。島津家といえば薩摩、すなわち鹿児島というイメージが強い。しかし、その発祥をたどると、日向国《ひゅうがのくに》、現在の宮崎県 都 城市《みやこのじょうし》との関連が深いことがわかる。

十世紀の前半に醍醐《だいご》天皇の命令を受けて延長《えんちょう》五年（九二七）に完成し、康保《こうほう》四年（九六七）、村上《むらかみ》天皇のときに施行された法典に『延喜式《えんぎしき》』というものがある。その兵部省《ひょうぶしょう》の諸国駅伝馬条には「駅馬《えきば》」「伝馬《でんま》」が記載されている。それによると、平安時代中期、現在の都城市 郡元町《こおりもとちょう》付近の日向国府《ひゅうがこくふ》と大隅《おおすみ》国府とを結ぶ官道上に、公《おおやけ》の使いのために人馬の継ぎかえや宿舎・食糧などを提供する場所「島津駅」があったことが確認できる。

島津氏の始祖忠久が鎌倉より下向し御所（館）を構えた所と伝えられる「祝吉（いわよし）御所旧跡」碑と「島津家発祥之地」碑（都城市／筆者提供）

万寿《まんじゅ》年間（一〇二四―二八）には、大宰府《だざいふ》の役人だった平季基《たいらのすえもと》がこの地を拠点に開発し、時の関白《かんぱく》藤原頼通《ふじわらのよりみち》に寄進して「島津荘《しまづのしょう》」が成立した。そして、東京大学史料編纂所《しりょうへんさんじょ》に所蔵されている「島津家文書」のなかに伝来する元暦《げんりゃく》二年（一一八五）八月十七日付の史料によれば、源平合戦に勝利した源頼朝《みなもとのよりとも》は、その島津荘の管理を行う下司職《げすしき》に惟宗忠久《これむねただひさ》を任命したことがわかるのである。

頼朝は、全国を治めるために各地に守護《しゅご》・地頭《じとう》を配置し、これに

祝吉御所跡・島津家発祥之地碑　住所／都城市郡元町3420　交通／JR都城駅より徒歩約30分

伴《ともな》って忠久は島津荘の惣地頭職《そうじとうしき》となり、自分が治める荘園の名前をとって「島津忠久」と名乗るようになったと伝えられる。

つまり都城には、古代に「島津」という地名で呼ばれる地域があり、島津荘の中核地であった。そして、その島津荘の役人に忠久が任命され、この地の名称である島津を名乗り、島津家が誕生したのである。

このように、都城市にあった地名をとって島津家が誕生したことが、同地を「島津家発祥之地」という根拠となっているのである。

（山下真一）

中世の「三高城」はどこにある？

新納院高城、主郭への登山道（児湯郡木城町）

中世から近世初期、日向国《ひゅうがのくに》には「三高城《たかじょう》」といわれる城があった。それが新納院高城《にいろいんたかじょう》、穆佐《むかさ》院《いん》高城、三俣院《みまたいん》高城である。

新納院高城は現在の宮崎県児湯郡《こゆぐん》木《き》城町《じょうちょう》、穆佐院高城は宮崎市高岡町《たかおかちょう》、三俣院高城は都《みやこの》城市《じょうし》高城町《たかじょうちょう》にあり、いずれも山城《やまじろ》であった。

新納院高城は、島津本家四代忠宗《ただむね》の子時久《ときひさ》が、建武二年（一三三五）に足利尊氏《あしかがたかうじ》から新納院を与えられて築いたものと伝えられる。時久は以後、新納氏を名乗るようになった。

穆佐院高城（穆佐城・高岡城）主郭跡（宮崎市）

その後、土持氏《つちもちし》、伊東氏が領することになるが、伊東氏は元亀《げんき》三年（一五七二）に木崎原《きさきばる》の戦いで島津氏に敗れ、城は島津氏のものになった。そして、天《てん》正《しょう》六年（一五七八）に島津氏と大友氏《おおともし》がここで戦い、また天正十五年には豊臣《とよとみ》秀長《ひでなが》と島津氏がここを舞台に戦った。

穆佐院高城は高岡城・穆佐城とも呼ばれ、標高六〇メートルの丘陵の上に築かれた全長六〇〇メートルの大規模な山城である。

南朝年号の元弘《げんこう》年間（一三三一―三四）に足利尊氏の所領となり、尊氏より派遣された日向国守護《しゅご》畠山直顕《はたけやまただあき》が穆佐

穆佐院高城（穆佐城跡）　住所／宮崎市高岡町小山田　交通／JR宮崎駅よりバスで「穆佐小学校前」下車

城を拠点に大隅国《おおすみのくに》まで勢力を広げていった。その後、島津氏と伊東氏が争い、応永十年（一四〇三）に穆佐城に島津家八代久豊《ひさとよ》が入った。文安二年（一四四五）から一三〇年余り伊東氏が支配したが、天正五年（一五七七）、再び島津氏が支配した。

三俣院高城は月山日和城《がっさんひわじょう》とも呼ばれ、元弘年間に肝付兼重《きもつきかねしげ》によって築かれたという。暦応《りゃくおう》二年（一三三九）、兼重は北朝方畠山軍に敗れ、畠山直顕のものとなった。その後、和田氏、島津氏が領するが、明応《めいおう》四年（一四九五）に伊東氏が領することになった。しかし、十六世紀の中ごろ、都城の領主であった北郷忠相《ほんごうただすけ》が伊東氏を退け、その居城《きょじょう》としたのである。

このように中世の三高城は南九州の勢力争いに大きく関わった城だった。しかし、いずれの城も、元和《げんな》元年（一六一五）の徳川幕府による一国一城の令で廃城となっている。

（山下真一）

月山日和城　住所／都城市高城町大井手字横馬場　交通／JR西都城駅よりバスで「高城上町」下車、徒歩５分

戦国大名大友氏の衰退をもたらした古戦場は？

大友氏《おおともし》は、鎌倉時代の守護《しゅご》、室町時代の守護大名であった九州の名門である。キリシタン大名としても有名な大友宗麟《おおともそうりん》は、永禄二年（一五五九）、筑前《ちくぜん》、筑後《ちくご》、豊前《ぶぜん》の守護に任じられ、最盛期は豊後《ぶんご》、肥前《ひぜん》、肥後《ひご》と合わせて北部九州六国の支配権を持つ、戦国期では九州最大の大名となって九州制覇をめざしていた。

一方、島津氏《しまづし》も、元亀三年（一五七二）に日向国《ひゅうがのくに》の大名であった伊東氏を木崎《きざき》原《ばる》合戦で破り、天正三年（一五七五）伊東義祐《いとうよしすけ》は豊後の大友宗麟を頼って落ち延びることとなった。島津氏は、薩摩《さつま》、大隅《おおすみ》、日向の三州を押さえて南九州の雄となった。

そうした中で、天正六年、宗麟は義祐の旧領回復を名目に、自らが信仰するキリシタンの理想郷を日向に建設するため、島津義久《しまづよしひさ》が支配する日向進出を図る。

耳川合戦の戦没者供養碑・宗麟原（そうりんばる）供養塔（日南市教育委員会提供）

四万三〇〇〇人の大友軍は、陸路と海路で務志賀《むしか》（延岡市《のべおかし》）に集結して、宮崎平野への進撃を開始した。田原《たはら》紹忍《じょうにん》指揮の大友軍四万人は、義久、義弘《よしひろ》ら島津軍四万人の待ち構える高《たか》城川《じょうがわ》（現在の児湯郡木城町《こゆぐんきじょうちょう》と川《かわ》南町《みなみちょう》）で九州の覇を争う大合戦となった。

当初、大友軍の田北鎮周《たきたしげかね》らが無断で高城川を渡河して島津軍を攻撃したため、大友軍は無秩序に攻撃を開始して、島津軍を大きく押したが、高城《たかじょう》に籠《こも》っていた山田有信《やまだありのぶ》ら城兵や伊集院忠平《いじゅういんただひら》らの軍が側背を突いたため、大友軍は総崩《そうくず》れとなり潰走《かいそう》した。島津得意の野伏《のぶ》せ戦法である。島津軍は大友軍勢を追撃して耳川《みみかわ》まで追い詰めて多くを討ち取り、溺死《できし》させた。大友軍の戦死者数約四〇〇〇人とも伝えられている。

この後、大友氏の勢力は衰《おとろ》え、肥前の龍造寺隆信《りゅうぞうじたかのぶ》が急速に勢力を伸ばして、大友、島津、龍造寺の三氏が鼎立《ていりつ》し、さらに、島津氏が龍造寺隆信を沖田畷《おきたなわて》の戦いで破って、九州の大部分を勢力下に収めたことから、天正十四年、宗麟が秀吉に救援を請《こ》うて、秀吉の九州平定が行われた。（岡本武憲）

戦国大名伊東氏は日向にいつ、どこから来たの？

伊東氏《いとうし》は、藤原南家《ふじわらなんけ》の子孫で、木工助《もくのすけ》の役職から工藤と称していたが、平安時代後期に伊豆国《いずのくに》伊《い》東荘《とうのしょう》を拝領したことから、そこを本貫地《ほんがんち》として伊東を名乗るようになった。平治の乱の後となる永暦元年（一一六〇）に、源《みなもとの》頼朝《よりとも》が配流《はいる》されたのが、伊東祐親《いとうすけちか》が支配していた伊東荘であった。その後、鎌倉幕府が成立して、伊東一族は伊東荘の支配をめぐって対立することとなるが、建久四年（一一九三）源頼朝が催《もよお》した富士裾野《すその》の巻狩《まきが》りで、頼朝の寵臣《ちょうしん》であった工藤祐経《くどうすけつね》が、一族の河津十郎《かわづじゅうろう》、五郎《ごろう》に討たれるのが有名な「曾我《そが》物語」である。

祐経は、建久元年（一一九〇）に日向国《ひゅうがのくに》に地頭職《じとうしき》を宛《あて》がわれた。建久八年の「日向国図田帳《ずでんちょう》」には、工藤祐経とみられる故勲藤原左衛門尉《ふじわらさえもんのじょう》の地頭職として、宇佐《うさ》宮領《ぐうりょう》県荘《あがたのしょう》、富田荘《とんだのしょう》、田島荘《たじまのしょう》が記されている。これらの地には、伊東一族庶子《しょし》（木脇殿《きわきどの》、田島殿など）を代官として派遣した。建武二年（一三三五）には、伊東祐持《いとうすけもち》が足利尊氏《あしかがたかうじ》から日向国都於郡《とのこおり》を安堵《あんど》されて日向に赴いている。貞和四年（一三四八）祐持が京都で死去すると、子の祐重《すけしげ》が日向に下向《げこう》し、都於郡に居を定めた。現地の名主であった山田、荒武《あらたけ》、津留《つる》、大脇《おおわき》氏が祐重の日向下向を促したと『日向記』は記している。祐重に付き従ったのは、長倉、稲津《いなづ》、落合、湯地《ゆぢ》、河崎《かわさき》、井尻《いじり》、井戸河《いどかわ》、布施《ふせ》、関屋《せきや》、山田、宮田、垂水《たるみ》、福永《ふくなが》等の二十五人衆で、それぞれ伊東家の有力家臣となる。

日向入りした伊東氏は、南北朝の動乱期に伊東本宗家《ほんそうけ》の勢力を拡大して、応永八年（一四〇一）ごろには、日向の中央部をほぼ支配して、「山東《さんとう》」と呼ばれていた。その後も都城《みやこのじょう》盆地や飫肥《おび》を中心に、日向一国支配をめぐって島津氏と激しい抗争を繰り広げ、戦国時代後期の義祐《よしすけ》の代になって、「伊東四十八城《しじゅうはちじょう》」と呼ばれる日向国での支配権を確保したが、長くは続かなかった。

（岡本武憲）

「伊東四十八城」の中心となる城はどこ？

戦国時代に日向国《ひゅうがのくに》のうち宮崎平野とその周辺を支配していたのが伊東氏《いとうし》である。とりわけ、永禄十一年（一五六八）に飫肥《おび》を攻略した伊東義祐《いとうよしすけ》は、「伊東四十八城《じゅうはちじょう》」と呼ばれる領域を支配していた。北は県三城《あがたさんじょう》（門川《かどかわ》・塩見《しおみ》・日屋《ひや》）、南は飫肥酒谷《おびさかたに》、南西は三ツ山《みやま》（小林）の範囲五三八〇町で、都於郡《とのこおり》・佐土原《さどわら》本城を中心に三五城、一切寄《いちきりよせ》、七領主、飫肥本城を中心に三城があった。

これらの城は、伊東氏の支配単位であり、本城に対する出城《でじろ》でもあった。各城には家臣となる地頭《じとう》や代官を派遣、任命して、城下の麓《ふもと》もしくは馬場《ばば》に所衆《ところのしゅう》を住まわせ、軍事の単位とするとともに、平時はその地域の農村を支配した。

このうち、中心となる城は都於郡城と佐土原城である。都於郡城は、現在の西都市《さいとし》南東部に位置し、シラス台地上の南北約二六〇メートル、東西約四〇〇メートルに及ぶ大規模な中世城郭である。城は「本丸」「二ノ丸」「三ノ丸」「西ノ城」「奥ノ城」の五つの中心的な曲輪《くるわ》と多くの曲輪群や空堀《からぼり》からなっている。

伊東義祐の時代には、都於郡城に家督《かとく》を継ぐ義益《よします》が入り、義祐は佐土原城から実質の権限を行使していた。また、飫肥城には、城主に祐兵《すけたか》が入り、都於郡・佐土原とは別な支配を行っていた。

このような「伊東四十八城」の支配を強固にするためには、各城の城主・地頭・代官が所衆と結託して伊東家に反旗を翻《ひるがえ》さないようにしなければならないが、結果的には、木崎原《きざきばる》の合戦による大敗で島津氏の圧力が強くなると、島津方に寝返るものが続出して、伊東氏は日向を追われることとなった。

（岡本武憲）

第５章　近世・近代の歴史編

「千人殺し」の異名を持つ延岡城の石垣

近世日向の中央街道を「細島街道」と呼ぶのはなぜ?

宮崎における江戸時代のメインストリートは、日向《ひゅうが》街道である。そのうち、大名行列の行き来した細島《ほそしま》に通じる道は、特に「細島街道」と呼ばれた。

細島は、元禄五年(一六九二)以降は日田代官《ひただいかん》支配下の幕府御料《ごりょう》である。大名たちは参勤《さんきん》で江戸に向かうのに細島から船に乗り、日向灘《ひゅうがなだ》を北上して瀬戸内を通り大坂に船を着けた。帰路はその逆をたどる。譜代延岡藩《ふだいのべおかはん》は自領東海《とうみ》から出船したが、飫肥《おび》・佐土原《さどわら》・高鍋《たかなべ》といった他の日向諸藩の大名たちは、ことごとくこの港を利用した。

参勤の上り下りにどのような日程でどの道を通るかは、あらかじめ幕府に報告することが義務づけられている。風待ち潮待《しおま》ちでままならぬのが船旅である。また遠国《おんごく》の大名の場合、道中での体調不良などにより日程変更を余儀なくされることもあった。その点、幕府監視下の細島から出入りすれば、あらぬ疑いを持たれずにすむという利点があった。

飫肥城下から細島までの道中は、二泊三日である。城下を出立して途中の山仮屋《やまがりや》で昼食をとり、一日目の宿は自領清武《きよたけ》の中野御仮屋である。次の日は延岡藩領の赤江川《あかえがわ》（大淀川《おおよどがわ》）、佐土原藩領の一ツ瀬川《ひとつせがわ》を渡り昼食、さらに高鍋藩領の小丸川《おまるがわ》を渡り都農町《つのまち》で泊る。三日目は高鍋藩領美々津《みみつ》の御仮屋で昼食の後、美々津川を渡り椨《たぶ》の木峠《きとうげ》を越えて細島に至った。いくつもの他藩領を通り、川渡りを伴う行程である。飫肥藩は領内に油津《あぶらつ》があるが、宝永年間（一七〇四―一一）に内海《うちうみ》沖《おき》で御用船が難破したのを機に、細島出船となった。

高鍋藩の場合、領内の美々津から出入船することが多かったが、美々津では何かと手続きに手間取るということで、明和三年（一七六六）には細島からの出船を決めている。日向の三藩に加えて、鹿児島藩も東目通《ひがしめどお》りの場合は高岡を経て細島に向かい、そこから出船した。大名たちが行き来する細島街道のなかで、とくに高鍋藩領の都農町は主要な宿場町として栄えた。

（清水正恵）

日向市細島みなと資料館　住所／日向市細島803－1　交通／JR日向駅より車で10分

山陰一揆は宮崎の近世をどう変えた？

元禄三年（一六九〇）九月に起こった山陰一揆《やまげいっき》は、延岡藩領《のべおかはんりょう》山陰組の山陰・坪屋《つぼや》の百姓一四〇〇人余りが、こぞって隣の高鍋藩領《たかなべはんりょう》に逃げ込んだ事件である。たび重なる大雨・洪水・旱魃《かんばつ》で食べるものにも事欠いたうえ、きびしい郡代《ぐんだい》の統治に困窮《こんきゅう》した百姓たちは、その惨状を訴えるために一揆におよんだ。老人子どもを含む家族全員が連れ立ち、牛馬をも引き連れ、田畑・家屋を捨てて三つのルートで隣藩高鍋領へ駆け込んだのである。

この一揆は近世でも早い時期のものである。規模も大きく収拾までに一年近くを要したために、延岡藩主有馬清純《ありまきよずみ》は、幕府からその責任を問われて越後糸魚川《いといがわ》に転封《てんぽう》となった。代わって延岡藩主となったのが、譜代《ふだい》大名（関ヶ原合戦以前からの徳川氏の家臣であった大名）の三浦氏《みうらし》である。有馬氏の所領は五万三〇〇〇石であったが、そのうち臼杵《うすき》郡《ぐん》二万三〇〇〇石が三浦氏の治めるところとなり、残りはすべて幕府直轄領《ちょっかつりょう》（御料《ごりょう》）となった。このときに御料となったのが、山陰・坪屋をはじめ、細島《ほそしま》・日知屋《ひちや》・富高《とみたか》など臼杵郡九カ村、穂北村《ほきたむら》など児湯郡《こゆぐん》一〇カ村、ほかに那珂郡《なかぐん》七カ村、宮崎郡二カ村、諸県郡《もろかたぐん》五カ村である。

山陰百姓逃散一揆留置地之碑（児湯郡都農町／筆者提供）

この一揆は、それまで外様《とざま》大名（関ヶ原合戦後に徳川氏の家臣となった大名）ばかりであった日向国《ひゅうがのくに》の藩領を大きく塗り変え、幕府領と最も南に位置する譜代大名領の出現という

高鍋町歴史総合資料館　住所／児湯郡高鍋町大字南高鍋6937－2　交通／JR高鍋駅よりバスで「舞鶴公園前」下車

一大変化をもたらした。

逃散《ちょうさん》した百姓たちを受け入れた高鍋藩では、野別府川北《のびゅうかわきた》（現児湯郡都農町《つのちょう》）の又猪野《またいの》で小屋掛《こやがけ》させ食料を与えた。もちろん、一揆が終息した後にこの貸与米は延岡藩から返される。高鍋藩の周旋《しゅうせん》で延岡藩と百姓たちの交渉が繰り返され、ようやく百姓たちが帰村したのは、十一カ月後の元禄四年七月のことである。その間に一揆勢のなかで生まれた子どもは二〇人、病死者は七九人を数える。長期にわたった一揆は、延岡藩内のみならず、受け入れた高鍋藩でもその扱いに苦慮した。

また、近隣の豊後臼杵藩《うすきはん》、竹田藩《たけだはん》、佐伯藩《さいきはん》などもこの一揆に注目し、波及を恐れてさまざまな情報収集を行っている。（清水正恵）

佐土原藩は鹿児島藩の支藩？

佐土原藩《さどわらはん》は、その内政の上で鹿児島藩と密接な関係にあり、そのために「支《し》藩《はん》」といわれることがある。支藩とは、藩主家の一族の者が本家から領地を分けてもらい、幕府から藩として認められたものをさす。佐土原藩の場合、その知《ち》行《ぎょう》宛行《あてがい》の背景をひもとくと、厳密には支藩とは言い難いが、このようにみられるのは、常に鹿児島藩から施政上の諸改革や藩財政上の困窮《こんきゅう》問題など、援助や指導を受けてきたことによる。

天正十六年（一五八八）、豊臣秀吉は島津義久《しまづよしひさ》・義弘《よしひろ》の弟、島津又七郎豊久《しまづまたしちろうとよひさ》に、日向国内に「九百七十九町」を宛行《あてが》った。これが佐土原藩のはじめであるが、その豊久が慶長五年（一六〇〇）関ヶ原の合戦で西軍に加わり戦死したため、その所領は徳川家康によって没収され、いったん途絶《とだ》えた（前島津《まえしまづ》）。その後、慶長

寛永年間（1624−44）の佐土原城をもとに復元された鶴松館（佐土原城跡歴史資料館）。大広間、書院、数奇屋の三棟からなる（宮崎市）

八年に鹿児島の島津義久《しまづよしひさ》・家久《いえひさ》の周旋《しゅうせん》もあって、大隅国垂水《おおすみのくにたるみず》の島津以久《ゆきひさ》が、家康から佐土原を宛行われてここに移り、佐土原藩島津家の初代となった（後島津《あとしまづ》）。

その所領は、那珂郡《なかぐん》、児湯郡《こゆぐん》あわせて三万七〇石余である。これが本来の佐土原藩領地で、鹿児島藩島津家から分家分割したものではない。さらに元禄三年（一六九〇）、幼少藩主を支える番代《ばんだい》として功あった久寿《ひさとし》に三〇〇〇石を分地して二万七〇〇〇石余となった。

佐土原藩主は、はじめ大名とし

ての家格は「無城《むじょう》」であったが、元禄十三年に、これも鹿児島藩主島津綱貴《しまづつなたか》に頼って幕府に乞《こ》い「城主列《じょうしゅれつ》」に加えられた。

その内政は、初期の段階から難しい事件が続いた。新参家臣と譜代《ふだい》家臣との間や、幼少の藩主を支える番代《ばんだい》と譜代家臣の間で、しばしば内紛が起こった。そのつど藩主家の出自《しゅつじ》である鹿児島藩の介入・助言を得て解決せねばならなかった。このような関係から、鹿児島藩と鹿児島島津家を「宗藩《そうはん》」とか「宗家《そうけ》」あるいは「本家《ほんけ》」などと呼ぶことがあるが、一大名として参勤交代《さんきんこうたい》をはじめ、肥後出陣《ひごしゅつじん》、島原の乱などの軍役《ぐんやく》、禁裏造営《きんりぞうえい》などの御手伝普請《おてつだいぶしん》、火防役《ひふせぎやく》、番役《ばんやく》など、幕府将軍への奉公の勤《つと》めを欠くことはなかった。

（清水正恵）

上杉鷹山の善政は日向国がルーツ!?

「なせば成る《な》、為《な》さねば成らぬ何ごとも、成らぬは人の為さぬなりけり」という言葉とともに、上杉鷹山《うえすぎようざん》は財政難の出羽米沢藩《でわよねざわはん》をたて直した名君として著名である。しかしながらその出自が日向《ひゅうが》の小藩、表高二万七〇〇〇石の高鍋藩《たかなべはん》で、実兄が七代藩主秋月種茂《あきづきたねしげ》であることはあまり知られていない。

上杉鷹山は、江戸麻布《あざぶ》の高鍋藩上屋敷で、六代藩主秋月種美《あきづきたねみつ》の二男として生まれた。幼名を松三郎という。母は正室の筑前《ちくぜん》秋月藩主の娘ハルで、兄である嫡子《ちゃくし》種茂は、松三郎の八歳年長である。大名家では、正室の長男が家督を継ぐ。そのため二男以下は「御厄介様《ごやっかいさま》」で、他家に養子入りするか、一家をたてて家臣待遇となるのが常である。とはいっても、この時代の幼児の死亡率は非常に高かったから、長男が無事成長するまでは、万が一の「御扣《おひかえ》」としての役割を持った。

宝暦十年（一七六〇）、二人は異なる人生のスタートを切った。十八歳になった兄種茂は、七月に家督を相続し高鍋藩主となり、十歳の弟松三郎は、六月に上杉家への養子入りがなり、治憲《はるのり》と改名、七年後の明和四年（一七六七）に米沢十

秋月種茂公胸像（高鍋町美術館提供）

高鍋城跡に整備された舞鶴公園（児湯郡高鍋町）

五万石の藩主となった。

この養子入りは、母ハルが、米沢藩第五代の上杉綱憲《うえすぎつなのり》の孫娘にあたるという縁で、当時跡継ぎのなかった米沢藩から乞《こ》われたものである。十五万石という表看板とはうらはらに、その内情は厳しかった。倹約に次ぐ倹約と殖産振興《しょくさんしんこう》により財政建て直しをはかった鷹山の業績はよく知られるところであるが、そのお手本は小藩であらゆる困難を切り抜けねばならなかった高鍋藩にあったのかもしれない。

種茂は「鶴山《かくざん》」、治憲は「鷹山」という対の雅号《がごう》をもつ二人は、治世においても似通《にかよ》った施策をしている。高鍋藩が、種信《たねのぶ》・種美・種茂と三代にわたって奨励《しょうれい》してきた漆《うるし》や櫨《はぜ》・楮《こうぞ》の植え付けは、米沢藩でも実行され実をあげた。また凶作に備えて、高鍋藩では「義倉米《ぎそうまい》」が、米沢藩では「備籾倉《そなえもみぐら》」が創設された。さらに、教学による人材育成のため、高鍋藩校明倫堂《めいりんどう》、米沢藩校興譲館《こうじょうかん》がつくられたのもこの時代である。

（清水正恵）

「於為カゼ」のせい？——飫肥藩主の交代劇

飫肥藩《おびはん》は、現在の宮崎県日南市《にちなんし》のほぼ全域および宮崎市の南部を支配した外様《とざま》藩《はん》で、石高は約五万石であった。藩主の伊東氏《いとうし》は、関ヶ原の戦い後に旧領を安堵《あんど》されて以来、一回の転封《てんぽう》もなく明治維新を迎えた。

飫肥藩では明治までに十三人の藩主がいたが、長期にわたり善政を行い名君と呼ばれた者もいれば、逆に短命な者もいた。歴代の藩主のなかでも、十二代祐丕《すけひろ》が藩主を務めた期間は短く、わずか二年間しかない。また、祐丕は非常に短命の藩主だっただけでなく、その交代劇も謎めいている。

祐丕は、寛政九年（一七九七）、飫肥城に生まれた。江戸時代、正室とその子どもは江戸に居住することが義務づけられていたが、国許《くにもと》の側室の子であった祐丕は飫肥で育った。文化九年（一八一二）、祐丕が十六歳のときに、十一代藩主

飫肥城大手門（日南市）

祐民《すけたみ》が死去する。祐民には嗣子《しし》がなかったため（ただし正室は懐妊中《かいにんちゅう》であった）、弟である祐丕が急養子となり跡を継ぐことになった。

飫肥を発《た》ち江戸に上った祐丕は、幕府の許可を得て無事家督を相続し、二年後の文化十一年に初めて藩主として国許・飫肥へ帰ってくる。しかし、初入府した翌日に、十八歳の若さで急死してしまうのである。祐丕に嗣子がなかったため、その後を継いだのは甥にあたる祐相《すけとも》であった。祐相は、懐妊中であった十一代藩主祐民の正室が、祐民の死の二月《ふたつき》後に出産した子で、この

飫肥城　住所／日南市飫肥　交通／ JR飫肥駅より車で３分

飫肥城の石垣

ときわずか三歳であった。

祐丕の死の原因となったのは「於為《おため》カゼ」だといわれている。江戸時代、風邪はコレラや疱瘡《ほうそう》と並んで大病に数えられる病気で、ときには死亡する者もいた。しかし、十八歳の若者が、それも藩主という手厚い看護を受けられる身分の者がそう簡単に死ぬものだろうか。ちなみに、風邪の名称の「於為」というのは前藩主の正室の名前である。「於為カゼ」とは本当に風邪だったのか……そう考えると、なにやら時代劇の陰謀のような交代劇である。

（河野悠子）

江戸時代の椎葉山・米良山は誰のもの？

椎葉山《しいばやま》・米良山《めらやま》は、宮崎県の東臼杵郡《ひがしうすきぐん》、児湯郡《こゆぐん》、そして西都市《さいとし》にまたがり、九州山地中央部に広大な地域を占めている。

この地は、天正十五年（一五八七）の豊臣秀吉の国割《くにわり》では、日向国《ひゅうがのくに》かどうかも、どの大名領に属するのかも示されていなかった。慶長八年（一六〇三）、椎葉山をめぐって延岡藩《のべおかはん》高橋氏と人吉藩相良氏《ひとよしはんさがらし》の間で紛争がおこり、その結果、米良山は肥後国《ひごのくに》に属するとして相良氏が、椎葉山は日向国内として高橋氏が幕府から預かることになった。

その後高橋氏が改易《かいえき》されると、幕府は椎葉山に直轄《ちょっかつ》の御料《ごりょう》として鷹巣山《たかのすやま》七カ所、御立山《おたてやま》一二カ所、御立添山《おたてそえやま》六カ所を置き、地元の有力者に朱印《しゅいん》を与えて管理させ、鷹や木材の進上を命じた。この朱印の拝領は、椎葉山一山を支配する権利を与え

米良三山（市房山・石堂山・天包山／西米良村）

られたと理解され、ほかの山内有力者との対立を生み「椎葉山騒動」といわれる争いが起こった。幕府は人吉藩の協力でこれを収め、明暦二年（一六五六）に人吉藩は、椎葉山をも預かることになった。人吉藩では幕府の後押しを受けて支配の仕組みの整備につとめ、歴代藩主は初入《はつにゅう》部《ぶ》の際に、椎葉山の見分《けんぶん》のために山に入った。

いっぽう米良山も、その山域は広く、中世から有力者が割拠《かっきょ》する形勢にあった。なかでも米良氏の本宗家《ほんそうけ》は嶽《たけの》米良氏と呼ばれ、日向国の中央を制した戦国大名伊東氏に与《くみ》した。その一族は各地の外城主《とじょうしゅ》（地頭《じとう》）となり伊東氏を支え、日向との関係は深かった。

徳川幕府により米良山が人吉藩預けになった後も、米良氏は、幕府によって一山の領主と認められ、交代寄合《こうたいよりあい》旗本として遇され、五年に一度、江戸へ参勤《さんきん》した。

しかし、一山内に割拠する有力家臣層の反抗は激しく、領主の不審死《ふしんし》などもあり、その支配は不安定で、本拠の館も、村所《むらしょ》から銀鏡《しろみ》、そして小川《おがわ》と移転した。米良山を預かった人吉藩は、家督の際の幕府への取次ぎをはじめさまざまな形で米良氏の支配を助けた。

（清水正恵）

東大寺大仏殿を今も支える日向の大木

——奈良までどうやって運んだ?

ご存じ、奈良東大寺の大仏さま。その大仏さまを雨風から守っている大仏殿に、江戸時代に宮崎の霧島《きりしま》山中から切り出された大松が使われていることは、案外知られていない。

戦国時代に大仏殿は焼け落ちて、その後一〇〇年ものあいだ大仏は野ざらしの状態であった。江戸時代のなかばに、それを見かねた公慶上人《こうけいしょうにん》は、大仏殿再興の一大プロジェクトを立ち上げた。座高一五メートルの巨体を覆《おお》う建物の建築である。建物を支える「虹梁《こうりょう》」にふさわしい巨木を求めて全国に触《ふ》れが廻されたが、なかなか見つからない。夢のお告げを得てようやく見出されたのが、今のえびの市の白鳥《しらとり》神社脇にあった大松二本である。

元禄十七年(一七〇四)正月七日から山出《やまだ》しが始まった。長さ二三メートルあ

『三国名勝図会』の白鳥権現社、満足寺

まり、末口《すえくち》（丸太の細い方の直径）ですら一メートルもある大木二本は、加久藤《かくとう》、吉松《よしまつ》を経《へ》て山中を一一五日かけ鹿児島の国分新川口《こくぶしんかわぐち》まで引き出された。この間に要した人数は一〇万、牛は四〇〇〇頭という。そこからは日向灘《ひゅうがなだ》を北上し、瀬戸内海を通って兵庫、そして大坂まで運ぶのだが、大木をいかにして船に乗せるかが問題であった。その方法というのが、船をいったん海中に沈め、浮かせた大木を船上に移動させて積み込むというものである。

大坂からは淀川《よどがわ》を上り、さらに支

白鳥神社　住所／えびの市大字末永1479　交通／JRえびの駅より車で約10分

流木津川《きづがわ》で奈良へと向かう。二艘の船で挟《はさ》まれた大木を、岸の両側から人々が厚い信仰心で先を争って引いた。木津から東大寺までの約七キロは陸送である。台車に載《の》せて何本もの綱をつけ、鐘《かね》や太鼓《たいこ》で拍子《ひょうし》を取りながら大勢で引いた。毎日二〇〇〇~三〇〇〇人もの人が出て、お祭騒ぎであったという。こうして八カ月後の九月五日、無事に東大寺に到着し、五年後の宝永五年(一七〇八)六月に、大仏殿が完成した。

虹梁は、大仏の両肩の上を南北(大仏の前後の方向)に走っている。霧島山という古くからの修験《しゅげん》の地で手付かずのまま育まれた二本の大木が、多くの人々の力で奈良まで運ばれて、今も大仏殿を支えているのである。

(清水正恵)

宮崎県の県都はなぜ田圃のなかに造られた？

明治四年（一八七一）、廃藩置県《はいはんちけん》により日向国《ひゅうがのくに》は旧藩をそのままに県が設置されたが、同年すぐに大淀川《おおよどがわ》を境にして美々津県《みみつけん》と都城県《みやこのじょうけん》に二分された。明治六年一月には両県が廃止され、初期の宮崎県が誕生した。藩政時代から小藩が分立していた日向国が、初期宮崎県の成立により統一され、行政体が一つになった。管轄地域は臼杵郡《うすきぐん》・児湯郡《こゆぐん》・那珂郡《なかぐん》・宮崎郡・諸県郡《もろかたぐん》の五郡で、四六町、三七三村であった。

必要になったのが県庁の造営であった。当初は美々津県・富高県《とみたかけん》（日向国内の旧幕府領を管轄）庁舎を仮庁舎として使用していたが、交通の便などで中央部に設置する必要性が高まり、宮崎郡上別府村《かみべっぷむら》の戸長《こちょう》役所を仮庁舎としながら本格的県庁舎の建設が進められた。

そして、現在の県庁本館と同じ位置で当時の宮崎郡上別府村に、明治七年五月に完成した。この地は旧延岡藩《きゅうのべおかはん》の飛び地を中心に旧飫肥藩《きゅうおびはん》・旧佐土原藩《きゅうさどわらはん》・旧幕府領の領域が隣接しており、同地域の宅地率が低い田畑山林原野の寒村地帯でもあった。

「美々津縣廳跡」碑（日向市）

「都城縣廳跡」碑（都城市）

この一大造営を完成させたことは、藩政時代から続いた旧藩意識を弱める効果もあったものと思われる。また、この県庁造営事業には扶持人夫《ふちにんぷ》のほか、周辺大区・小区から加勢人夫や地域住民が大勢動員された。旧藩領・旧幕府領をこえての動員であり、新しい時代への意気込みもみられたようである。完成した県庁舎は木造、楼閣《ろうかく》付唐破風《からはふ》の建物で、県民は目を見張って眺《なが》めたものであった。

藩政時代から小藩分立が続いた日向国にとっては、旧藩のどこかの城下町に県都を設けることは宮崎県の一体化に支障をきたすものになったと思われる。中央部の寒村地帯に県都を設置したことは、小藩の均衡《きんこう》の上に新しい行政組織をつくりあげるという政治上の配慮でもあったようだ。その後、ここを中心に宮崎県は発展してゆくのである。

（佐藤郁夫）

宮崎県が消えた？——
鹿児島県への併合と宮崎県再置

明治六年（一八七三）、大淀川《おおよどがわ》を境にして美々津《みみつ》県《けん》と都城《みやこのじょう》県《けん》に二分されていた両県が廃県となり、新たに宮崎県が設置された。明治七年、宮崎郡上別府村《かみべっぷむら》の戸長《こちょう》役所（現県庁本館）に新しく県庁舎を落成させ、新時代に向けて各種政策を進め、県政も軌道《きどう》に乗り始めた。しかし、三年八カ月後の明治九年八月、宮崎県は鹿児島県に合併された。一年後には西南戦争が始まった。

鹿児島県への合併は、宮崎県県庁幹部が薩摩閥《さつまばつ》で占められていたこと、旧藩分立時の地域意識がまだ根強く残っているものの「日向《ひゅうが》」という郷土的意識はなかったこと、都城および薩摩を宗藩《そうはん》とする佐土原《さどわら》のように鹿児島との親密さがいまだ残っていたことなど、自然の成り行きで実行されたようである。

西南戦争においては、当時の鹿児島県令大山綱良《おおやまつなよし》の命令が宮崎支庁（合併前の宮崎県庁）に伝えられ、支庁は旧藩領に対し西郷軍へ呼応《こおう》して立つことを促《うなが》した。宮崎支庁の県官は区長・戸長の行政機構を通じて出兵をすすめたため、強制力の強いものになった。

西南戦争は、「日向」に多大な損失を与えた。旧日向国内で組織された農兵は三〇〇〇人以上で、戦死者は九〇〇人を超えたという。重ねて家屋の焼失、田畑の荒廃など住民の生活を苦しめた。このことは日向における鹿児島主導体制からの脱却と分県運動を盛り上げることになり、一方で小藩分立意識を薄れさせる要因となり、「日向国＝宮崎県」一体の共同意識が醸成《じょうせい》されていった。

明治十三年、県会議員選挙を行い、日向からも議員が選出された。そのなかから後に議長になる川越進《かわごえすすむ》らが分県運動を推し進《お すす》めた。鹿児島県庁から遠いこと、地方費支払いの不公平などがその分権請願の内容であった。

紆余曲折《うよきょくせつ》を経て、明治十六年五月九日、太政官布達《だじょうかんふたつ》をもって宮崎県が再置された。

（佐藤郁夫）

川越進像（宮崎市総合文化公園内）

鉄道建設は首都から遠い南から？

明治五年（一八七二）九月、東京―横浜間に鉄道が開通することにより、日本の鉄道敷設の歴史が始まる。

明治二十年代になると、九州の鉄道敷設についての議論が高まってゆく。交通の便が悪いところほど、鉄道の必要性が主張されたのである。福岡県小倉《こくら》駅から大分県・宮崎県を経由し鹿児島県へと至る日豊線《にっぽうせん》（後日豊本線）、小倉から熊本県を経て鹿児島県へ達する肥薩線《ひさつせん》への着手であった。

まず肥薩線が着工され、日清・日露戦争により中断されるが、明治四十一年、八代駅《やつしろ》―人吉《ひとよし》駅間が開通。ついで人吉《ひとよし》から国分《こくぶ》駅（昭和五年に隼人《はやと》駅と改称）までは ループ線・スイッチバックなどを取り入れ、難工事の末、明治四十二年に貫通した。九州縦貫線の完成である。宮崎県では西端の一部が敷設される程度であ

大淀駅―内海駅間を走った軽便鉄道機関車。後ろはC11蒸気機関車（宮崎市児童交通遊園内／筆者提供）

ったが、明治四十四年五月、県内で初めて真幸《まさき》駅（肥薩線）が開業した。それとともに宮崎県では県を縦貫する官設鉄道の建設運動がおこる。

大正元年（一九一二）、吉都《きっとせん》線の小林駅―吉松《よしまつ》駅間、翌二年には都城《みやこのじょう》駅まで、さらに大正五年には都城―宮崎間が開通し、鹿児島県と結ばれた。

明治四十四年に就任した有吉忠一《ありよしちゅういち》宮崎県知事は、地方産業の発展を促進させるため、県営軽便鉄道《けいべんてつどう》の敷設をすすめた。大正二年、飫肥《おび》駅—油津《あぶらつ》駅間の飫肥線、翌三年には佐土原《さどわら》駅—妻《つま》駅間の妻線が営業を始めた。また、宮崎軽便鉄道株式会社も大正二年に大淀《おおよど》駅—内海《うちうみ》駅間の営業を始めるなど、鉄道による輸送力が高まった。

そして、ついに宮崎県民の長年の悲願であった日豊線が大正十二年十二月に全線開通した。「陸の孤島」といわれたり、「僻遠《へきえん》の地」といわれたりした宮崎県が、九州各県と結ばれることとなったのである。

（佐藤郁夫）

今も現役！　昭和七年竣工の県庁舎

明治六年（一八七三）に宮崎県が設置され、翌年宮崎郡上別府村《かみべっぷむら》の戸長《こちょう》役所（現県庁本館）に県庁舎が完成した。鐘楼《しょうろう》を持つ「楼閣付唐破風《ろうかくつきからはふ》」の新県庁舎が造られ、県都建設の中核をなしてゆく。

明治九年、鹿児島県と合併すると宮崎支庁として運営され、西南戦争においては軍事拠点ともなる。明治十六年、宮崎県再置により再度開庁され、以降宮崎県の政治・行政の中核となる。

しかし昭和になると庁舎の老朽化《ろうきゅうか》が進み、改築が必要となった。昭和の初期、日本は慢性的な不況に見舞われる。宮崎県も例外ではなく、銀行の取付休業《とりつけきゅうぎょう》も起こった。この不況の打開刺激の一環として、県庁本館の建築が始まった。

県庁本館の竣工《しゅんこう》は昭和七年（一九三二）で、九州では太平洋戦争前から残って

宮崎県庁　住所／宮崎市橘通東２−10−１　交通／JR宮崎駅よりバスで「橘通２丁目」下車、徒歩２分

明治7年（1874）完成の宮崎県庁舎（宮崎県文書センター所蔵）

昭和7年（1932）竣工の宮崎県庁舎（宮崎県文書センター所蔵）

いる唯一の県庁舎であり、全国的にも古い庁舎である。建築当初の予算は七二万円、七万人以上の労働者と、建築に要した資材、砂利《じゃり》、松や欅《けやき》などの木材、大理《だいり》石《せき》など県内産のものが使用され、これらを取り扱った業者など、その経済効果は計り知れないものであったといえる。明治六年以来「西洋建築」をめざした県庁舎であったが、昭和七年に至ってかなえられ、近世「ゴシック」式本館庁舎が完成した。七〇年を過ぎた今日でも、その役割を果たしている。

一時期は一日五〇〇〇人ほどの観光客が宮崎県庁舎を訪れたという。庁舎は建物としても見所が多い。正面玄関、四種類の装飾柱、地階から一階の窓辺に使用されている国会議事堂の外装と同じ石の「議員石《ぎいんせき》」、二階階段手すりの大理石、「宮崎縣廳《みやざきけんちょう》」の門札、さらに南国情緒豊かな前庭、県庁舎の前を通る「クス並木通り」などがある。

（佐藤郁夫）

昭和恐慌時に行われた緊急失業救済事業とは?

大正十二年(一九二三)九月一日に起こった関東大震災は、震災処理問題を抱えて昭和になり金融恐慌《きんゆうきょうこう》を引き起こした。昭和四年(一九二九)十月のウォール街の株価の大暴落に端を発した世界恐慌に加えて日本全国が大不況になり、昭和恐慌の時代を迎えることになる。

宮崎県でも「自力更生《じりきこうせい》」をスローガンとする農山漁村経済更生運動が進められ、一方で緊急失業対策事業が行われた。県庁造営事業もその一つで、多くの労働者、多くの資材を地元から供給したことで、経済効果は大きかった。その県庁の近くで〝永久橋〟として架橋された橘橋《たちばなばし》も、そのなかの一つの事業であった。

橘橋は明治十三年(一八八〇)、太田村《おおたむら》(現宮崎市)の医師福島邦成《ふくしまくになり》が私費を投じて架橋《かきょう》したのが最初で、有料の木造賃取橋《もくぞうちんとりばし》であった。その後数回の洪水でそ

橘橋　住所／宮崎市太田1丁目　交通／JR宮崎駅よりバスで「橘橋南詰」下車

六代目橘橋遺構（宮崎市／筆者提供）

美々津橋　住所／日向市幸脇～美々津　交通／JR美々津駅より車で10分

のたび流失し、六代目の橘橋が昭和七年（一九三二）に完成した。

六代目の橘橋は鉄筋コンクリートのアーチ式橋で、延長三八五・五メートル、幅員一六・四メートル、総工費六二万円余といわれ、県庁舎の建設と橘橋の造営は、経済効果はもとより宮崎の中心街の発展に大いに寄与することになる。現在の七代目橘橋の北詰《きたづめ》、大淀川《おおよどがわ》左岸堤防側に、六代目橘橋の遺構が見られる。

また、椎葉村《しいばそん》から諸塚村《もろつかそん》、旧西郷村《さいごうそん》（現美郷町《みさとちょう》）を経て日向市《ひゅうがし》に抜ける国道327号線の内、椎葉―旧西郷村和田橋間四六・五キロメートルを、地元では「百万円道路」と呼んでいる。これは大阪の住友財閥が一〇〇万円を寄付し、工事は県の執行で進められ、昭和七年に完成した建設経過を伝える別称である。椎葉村ではこの道路の開通で山林資源が活用され、失業救済だけではなく住民の利益も多大であった。

その他、美々津橋《みみつばし》、都城《みやこのじょう》の竹之下橋《たけのしたばし》の架橋などの事業も挙《あ》げられる。

（佐藤郁夫）

昭和金融恐慌「モラトリアム」でも休業しなかった銀行があった！

株式会社宮崎農工銀行は、明治二十九年（一八九六）四月に公布された「農工銀行法」にもとづいて、明治三十年設立認可、同三十一年二年に全国四番目の農工銀行として営業を開始した。

それは日清戦争後の農業工業の改良発達のため資本を貸し付けることを目的とする株式会社で、その資本金は二〇万円以上とし、各株式の金額は二〇円、営業区域は道府県を一営業区域として、府県郡市町村も株主になることができた。国は監督の管理官を県官から任命し、農工銀行補助法にもとづき株式引受資金を県に交付した。宮崎農工銀行は、はじめ資本金五〇万円（大正八年〈一九一九〉一〇〇万円増資）で設立され、宮崎県が一二万円を拠出するほか、県下一円の市町村及び素封家《そほうか》からの出資を募《つの》った。

宮崎県文書センター外観（旧宮崎農工銀行）

貸付には設立目的に沿って制限があり、耕地の整理及び道路改良、殖《しょく》林業《りんぎょう》、種苗《しゅびょう》・肥料・農器具・家畜の購入、農工業用建物造改築などのため農林業者に貸し付けられ（有抵当）、そのほか同主旨にそって「耕地整理組合」「各種産業組合」（無抵当）などに貸し付けられ、とくに日露戦争後の本県の主産業である農林業を支えた。

この銀行は、昭和二年（一九二七）の金融恐慌《きんゆうきょうこう》においては、全国の銀行が、いわゆるモラトリアム（支払猶予令《しはらいゆうよれい》）による休業を余儀な

宮崎県文書センター　住所／宮崎市橘通東１－９－30　交通／JR宮崎駅よりバスで「橘通２丁目」下車、徒歩５分

くされるなか、唯一営業を続けたので、各新聞は、「全国銀行中、独り宮崎農工銀行は休業せず」などと驚異の見出しで報道した。恐慌の影響で地域の銀行が倒産、合併を余儀なくされるなか、同行は資本金を倍増し（二〇〇万円）、それとともに融資額も驚きの伸びを示した。

同銀行は、地方にあって日本勧業《にほんかんぎょう》銀行の代理店の役割も果たしていたが、昭和九年には合併し、その業務内容は引き継がれ、農村への資金供給は続けられた。現宮崎県文書センター（県庁五号館）の建物は、同行三〇周年記念として新築されたもので、昭和元年に竣工した。大正期の銀行の建築様式を色濃く残したものので、平成二十年（二〇〇八）十二月、宮崎市の「重要景観建築第二号」に指定されている。

（永井哲雄）

第６章　人物編

石井十次が人のいないところで一対一で指導した「密室教育」（石井記念友愛社所蔵）

はるかヨーロッパに眼差しを向けた伊東満所

天正五年（一五七七）、満所《まんしょ》が八歳のとき、それまで日向国《ひゅうがのくに》一円を治《おさ》めていた伊東氏《いとうし》は、薩摩島津氏《さつましまづし》との戦《いくさ》に敗れ、姻戚《いんせき》先の豊後《ぶんご》の大名・大友宗麟《おおともそうりん》を頼って落ち延びた。満所もその地獄のような逃避行《とうひこう》のなかで、父修理亮祐青《しゅりのすけすけはる》と末弟虎亀麿《とらかめまろ》を亡くす悲惨な体験もした。

宗麟に保護された祖父伊東十代当主義祐《よしすけ》や叔父祐兵《すけたけ》とともに、野津《のつ》の到明寺《とうみょうじ》（大分県臼杵市《うすきし》）に逗留《とうりゅう》する。その町には、それまで見たこともないキリスト教会や孤児院《こじいん》などがあり、時には南蛮人《なんばんじん》といわれる宣教師《せんきょうし》を見かけた。満所の従《い》兄弟《とこ》で伊東十二代当主義賢《よしかた》や舎弟祐勝《すけかつ》は、宗麟の姪阿喜多《めいおきた》を母親とするため、その居城臼杵城《うすきじょう》に匿《かくま》われた。臼杵は一層キリスト教が盛んであり、豊後の首都府内《ふない》ともなれば病院もあり、南蛮貿易《なんばんぼうえき》で繁盛《はんじょう》していると聞く。

天正六年春、大友軍は日向遠征に乗り出し、はじめ破竹《はちく》の勢いで勝利を収め、宗麟は日向にキリスト教理想王国建設を進めていた。しかし、同年暮れに高城《たかじょう》・

都於郡城跡に建つ伊東満所銅像（西都市）

耳川《みみがわ》の合戦で島津軍に再び大敗を喫した。このため満所の祖父や叔父たちは豊後に居づらくなって、四国方面に出奔《しゅっぽん》した。取り残された満所らは主体的に動かざるをえず、臼杵城内の義賢らと連絡をとりつつも、独自に府内見聞の旅に出た。

満所十歳の夏のこと。イエズス会の神父ペドロ・ラモンに遭遇《そうぐう》し、その勧《すす》めに応じて教会に入り、臼杵へ移って洗礼を受け、教名ドン・マンショと称した。

天正八年夏、巡察師《じゅんさつし》（東アジアの宣教を統括する宣教師）アレッサンドロ・ヴァリニャーノが創設したばかりの有馬セミナリヨ（中等神学校）へ、豊後より推挙され入学。そこは全寮制で、約二年間昼夜を分かたず猛勉強する。

天正十年二月、巡察師の企画する天正遣欧《てんしょうけんおう》少年使節の主席正使・大友宗麟公の名代《みょうだい》として選ばれ、ローマ教皇謁見《えっけん》など重責を帯び、死を覚悟の上、長崎港を出帆《しゅっぱん》したのである。

史上初めて日本人を欧州諸国に知らしめ、当時のルネサンス文化を日本にもたらす。日欧友好親善外交の草分けでもある。

（竹下　勇）

安井息軒のめざしたものとは？

安井《やすい》息軒《そっけん》は寛政十一年（一七九九）、飫肥藩士《おびはんし》安井《やすい》滄洲《そうしゅう》の次男として清武郷《きよたけごう》中野（現宮崎市清武町）に生まれた。幼名順作、字は仲平、息軒はその号である。幼少のころ天然痘《てんねんとう》に罹患《りかん》し、痘痕顔《あばたがお》で片目の潰《つぶ》れた容貌となったが、学者であった父の影響を受けて学問を志し、周囲の嘲笑《ちょうしょう》にも挫《くじ》けず読書に励《はげ》んだ。二十一歳で大坂の篠崎《しのざき》小竹《しょうちく》に師事して三年苦学し、二十八歳から江戸の昌平坂《しょうへいざか》学問所で古賀侗庵《こがとうあん》に師事した。昌平坂学問所は儒学《じゅがく》・朱子学派《しゅしがくは》の総本山であるが、息軒は異学《いがく》とされた古学《こがく》に傾倒していて、在野の儒者《じゅしゃ》、古学派の松崎慊堂《まつざきこうどう》の門も叩《たた》いた。田舎出の異形《いぎょう》の異端者は学友の揶揄《やゆ》嘲笑《ちょうしょう》をかったが、「今は唯《ただ》忍ぶが岡の杜鵑《ほととぎす》　いつか雲井《くもい》に名をや揚《あ》げなん」と和歌を張り出してこれを制したという。忍ぶが岡は昌平坂学問所、杜鵑に一書生の自分を映《うつ》し、いつか世の中に名を知ら

安井息軒旧宅　住所／宮崎市清武町大字加納甲3368－1　交通／JR清武駅より車で約5分

しめてみせるという強い意思を表している。

帰郷後、清武郷校「明教堂《めいきょうどう》」、飫肥藩校「振徳堂《しんとくどう》」で父とともに教授し、四十歳にして江戸に移住して私塾「三計塾《さんけいじゅく》」を開いた。塩谷宕陰《しおのやとういん》、木下犀譚《きのしたさいたん》、吉野《よしの》金《きん》陵《りょう》らと親しく交流するとともに人材育成と研究に没頭した。

安井息軒肖像画（安井敬義氏所蔵）

文久二年（一八六二）、六十二歳にして塩谷、吉野らとともに幕府儒官《じゅかん》を拝命し、「文久三博士《ぶんきゅうさんはかせ》」と称され、学者としての最高位に達するが、それは若き日、いつか雲井にと誓ったところでは無かった。息軒は、

きよたけ歴史館　住所／宮崎市清武町大字加納甲3378-－1　交通／JR清武駅より車で約5分

学問所時代を回想するなかで「志気は鼎《まさ》に盛んにして眼は一世を空《むな》しくす　誓《ちか》いて人の為《な》す能《あたわ》ざる所を為さんと欲した」と述べていて、二千年来誰も達し得なかった孔子《こうし》の教義、その真理の解明こそ、息軒のめざしたものであった。

晩年、それまで蓄《たくわ》えた知識を吐き出すかのように、次々と業績となった著書を著すが、時勢は明治維新という大きな変革の時を迎え、洋学の流入により、漢学界は衰退の一途をたどった。視力は衰え、四肢不自由となるも不屈の精神で欧化の波に立ち向かった息軒であったが、ついに明治九年（一八七六）、七十七歳で東京に没した。

開国により海外との交流が始まると、息軒の遺《のこ》した著述を目にした清国や朝鮮の学者たちは驚嘆の声をあげた。一生を捧げて真理を追究した息軒の学問は、若き日に誓った高みへ到達していたのだった。

息軒の偉業は近代漢学の礎となって現在に引き継がれている。　（伊東　但）

「孤児の父」石井十次の生涯

石井十次《いしいじゅうじ》は慶応元年（一八六五）、高鍋藩《たかなべはん》（現児湯郡高鍋町《こゆぐんたかなべちょう》）で生まれた。そのころの日本は動乱の真っ最中。次の年に薩長連合の密約が成立し、慶応三年には討幕の密勅が天皇より薩長二藩に下され、江戸幕府は大政奉還《たいせいほうかん》して滅亡する。このような歴史の大きな節目には、断層の周辺に現れる貴重な鉱物のごとく、光り輝く逸材《いつざい》が現れる。

高鍋藩は小藩（三万石）ながら、上杉家《うえすぎけ》に養子にいった上杉鷹山《うえすぎようざん》（幼名秋月松三郎《あきづきまつさぶろう》）を輩出するなど、政治、経済、文化ともに充実していた。とくにこの鷹山の兄秋月種茂《あきづきたねしげ》は優れた藩主で、南九州のこの小藩の黄金時代を築いた。鷹山は、この兄の藩政を模倣したともいわれている。

種茂が力を注いだのが教育である。九〇年以上続いた藩校「明倫堂《めいりんどう》」には、士分格の子弟は上下にかかわらず就学《しゅうがく》している。また福祉にも力を入れ、農民の子らに児童《じどう》扶養《ふよう》手当《てあて》等も支給している。

石井十次は、この「明倫堂」の最末期に入学し、高鍋藩の高潔で知行一致《ちこういっち》の教育風土、文化のなかで人格を磨いた。

石井十次肖像写真（石井記念友愛社所蔵）

石井十次資料館 ●ページ参照

石井十次の父親は高鍋藩の下級武士。農業を営みながら城の務めに励んだ。母親は博愛の心が豊かで、近隣の貧しい子どもたちへの心配りや支援を常に忘れなかった。十次の孤児救済という行いの基層には、高鍋藩の精神文化と両親の教育が地下水脈のごとく流れているということを忘れてはならない。

石井十次は十七歳で医者を志し、岡山県の医学校に入学。十九歳の時、キリスト教受洗。二十二歳の時に医学実習に行った診療所で貧しい母子に出会い、その一人の子どもを預かったのがきっかけで、貧児・孤児救済の道に入ってゆく（明治二十年＝一八八七）。

救済する児童の人数は徐々に増えてゆき、医学か救済かと悩んだ末に、それまで学んだ医書をすべて焼き、第三高等中学校医学部も退学し、孤児や貧児の救済・養育に専心する決意を固める（明治二十二年）。

「孤児教育会」という看板で始まった救済事業は「岡山孤児院」と呼ばれるようになり、収容する児童の数もどんどん増えてゆく。いくつかの節目があるが、濃尾震災、日露戦争、東北地方の冷害による大飢饉《だいききん》等の時には多くの児童が救済された。とくに東北地方の凶作による家庭崩壊は深刻であり、計八二五人の児童が岡山に収容され、孤児院の児童数は一二〇〇人に達した（明治三十九年）。

石井十次の岡山孤児院は、日本で最初の本格的な孤児院と言ってよい。その規模は日本最大であり、院内に私立小学校を創設したり、また里親制度も日本で初めて実践するなど、その教育・養育内容についても他の孤児院をはるかに凌駕《りょうが》するものであった。

明治四十年の孤児院創立二十周年記念式に向けて、強力な支援者の一人であった徳冨蘇峰《とくとみそほう》は、彼の刊行する『国民新聞』において祝辞を掲載するが、「石井その人のごときは、何物を有せずして、ほとんどすべての物を与えんと欲する者也《なり》。而《しこう》してその一念、一心一信仰《いっしんいちしんこう》より築き建てたるものが、則《すなわ》ち是《こ》れ岡山孤児院也」などと評した後、石井十次を「孤児の父」と呼んでいる。

石井はその後、宮崎県茶臼原《ちゃうすばる》に里親村を中心とする理想郷づくりを構想し、職員・児童とともに移住を決行するが、志半ばにして倒れた。四十八歳であった（大正三年一月三十日）。人々は彼を「孤児の父」と呼ぶようになった。（児嶋草次郎）

若山牧水はなぜ旅と酒を愛したか

旅にあこがれる人は多い。酒を好む人も多い。だが、宮崎出身の歌人の若山牧水《わかやまぼくすい》ほど旅と酒を愛した人はまれだろう。牧水は生涯の大半を旅で過ごし、酒は朝昼夜と欠かさなかった。なぜそんなに旅と酒を愛したか。

牧水は明治十八年（一八八五）に、今の日向市東郷町坪谷《ひゅうがしとうごうちょうつぼや》に若山家の長男として生まれた。若山家は日向国の代々の家ではない。関東の埼玉県所沢《ところざわ》から祖父健海《けんかい》が日向に移り住んだのである。

健海は長崎で最新のオランダ医学を学んでいた。しかし、故郷に帰らず、日向で医院を開いた。その理由ははっきりとはわからないが、日向出身の友人の勧めがきっかけだったことはわかっている。健海はその友人の一族の娘と結婚し、やがて長男が生まれた。牧水の父の立蔵《りゅうぞう》である。その立蔵も医師になった。

若山牧水記念文学館　住所／日向市東郷町坪谷1271　交通／JR日向駅よりバスで「牧水記念館前」下車

若山牧水

日向の若山家の三代目の牧水（本名は繁《しげる》）は両親に深く愛され、豊かな自然環境のなかで育った。幸福な幼少年期だった。だが、故郷を愛しながらも、心はしばしば山間の集落の故郷の外の広い世界に向かった。自分が他国から来た者の子孫であることを知っていた牧水は、いわば〝魂のふるさと〟をどこかに求めるように、未知の世界への関心が強かったのである。他国者のことを坪谷では「濡草鞋《ぬれわらじ》」と呼んだ。牧水が幼少年期を振り返って書いた文章に「濡草鞋」がある。

「濡草鞋を脱ぐ」といふ言葉が私の地方にある。他国者が其処《そこ》に来た初めに或《ある》家《いえ》を頼つて行く、それを誰は誰の家で濡草鞋をぬいだといふのである。その濡草鞋をぬいだ群が私の家には極めて多かつた。私の家自身が極《ご》く新しい昔に於《おい》て濡草鞋党の一人であつたのだ。

若山牧水生家　住所／日向市東郷町坪谷３　交通／JR日向駅よりバスで「牧水記念館前」下車

この「濡草鞋党」の自覚が、後年の旅の歌人牧水を生んだといえる。

幾山河《いくやまかは》越えさり行かば寂しさの終《は》てなむ国ぞ今日《けふ》も旅ゆく　『別離』

白鳥は哀しからずや空の青海のあをにも染まずただよふ

人口に膾炙《かいしや》した牧水のこの二首は、牧水の旅ごころをよく語っている。どれだけの山と河を越えていったならば寂しさの尽きる国だろうかと思いながら今日も旅しているというのだが、寂しさの尽きる国とは、魂のふるさとであろう。それはこの地上のどこにもないかも知れない。とすれば、白鳥のようにただよい続けるしかないのである。

そして、牧水は人生そのものが旅だと考えた。「私は常に思つて居る、人生は旅である、我等《われら》は忽然《こつぜん》として無窮《むきゆう》より生れ、忽然として無窮のおくに往《い》つてしまふ」と歌集『独り歌へる』の自序に書いている。

寂しみて生けるいのちのただひとつの道づれとこそ酒をおもふに　『山桜の歌』

そんな牧水にとって人生の大切な「道づれ」が酒だったことを、この歌はよく示している。牧水にとって酒は、魂のふるさとを求める心の渇《かわ》きから飲むものだった。

白玉の歯にしみとほる秋の夜の酒はしづかに飲むべかりけり　『路上』

かんがへて飲みはじめたる一合の二合の酒の夏のゆふぐれ　『死か芸術か』

それほどにうまきかと人のとひたらばなんと答へむこの酒の味　『白梅集』

一首目は特に有名である。名歌といえよう。「しらたまの」「しみとほる」「しづかに」の三つの「し」の音の重なりが滑らかな調べを生んでいる。そして、上の句は澄《す》んだ清音《せいおん》で、下の句で「づ」「べ」の濁音《だくおん》が入ることで、深みが加わっている。

なお、初句の「白玉の」は「歯」を形容する言葉と一般に解されているが、酒の一滴一滴と考えることもできる。牧水は日本酒を特に愛し、小さい盃で含むようにゆっくり飲んで味わった。

（伊藤一彦）

日露戦争に決着をつけた小村寿太郎

明治時代の日本の命運を賭《か》けた日露戦争の講和条約を締結《ていけつ》した小村寿太郎《こむらじゅたろう》は、飫肥藩《おびはん》の下級役人であった小村寛の子として安政二年（一八五五）生まれた。

小村家は代々本町別当《ほんまちべっとう》で、商人が出入りするだけでなく、藩の客人が泊まる客館でもあった。寿太郎は、藩校振徳堂《しんとくどう》で優秀な成績であったことから、先輩の小倉処平《おぐらしょへい》が明治政府に働きかけて実現した貢進生《こうしんせい》制度によって、明治三年（一八七〇）、飫肥藩から選ばれて大学南校《だいがくなんこう》に入学した。明治八年には米国ハーバード大学に留学し、法律を学んだ。一年遅れて入学した金子堅太郎《かねこけんたろう》は、後にポーツマス条約締結のためにともに奔走《ほんそう》することになる。

明治十三年に帰朝した寿太郎は、当初、司法省に入って判事となった。しかし、明治十七年、外務省が英語と法律の知識を持つ人材を求めていたことから、外務

小村寿太郎生家　住所／日南市飫肥４丁目8259－１　交通／JR飫肥駅より徒歩約15分

アメリカ大使館における小村寿太郎（53歳／日南市教育委員会所蔵）

▼国際交流センター小村記念館（日南市／日南市教育委員会提供）

国際交流センター小村記念館　住所／日南市飫肥4丁目2－20－1　交通／JR飫肥駅より徒歩約15分

省権少書記官《ごんのしょうしょきかん》として公信局《こうしんきょく》に転進した。当時の外務卿《がいむきょう》は井上馨《いのうえかおる》、秘書官は寿太郎の同期生であった斉藤修一郎《さいとうしゅういちろう》で、そのような人材を探すように相談を受けていたのも同期の杉浦重剛《すぎうらしげたけ》であった。

しかし、当時の寿太郎は、父親の借金を抱え、外務省の翻訳局《ほんやくきょく》で九年の歳月を費やした。その後、明治二十六年の清国臨時代理公使を皮切りにその才能を発揮し、二十九年には外務次官、三十四年には桂内閣で外務大臣となり、ロシアに対する対応として日英同盟を締結するなど、日露戦争での必勝条件を整えることになる。

そして、日露戦争となり、旅順陥落《りょじゅんかんらく》や日本海海戦、奉天《ほうてん》会戦などで日本は勝利するも、これ以上戦争を継続できない状況下で、日露講和条約を締結し、韓国の支配権や南満州鉄道の付属権利の獲得など、その後の日本の外交、経済に大きな影響を与える内容を獲得した。

明治四十四年には、明治政府の外交懸案であった関税自主権を回復し、その年に亡くなった。五十六歳であった。

（岡本武憲）

脚気論争で森鷗外に対抗した高木兼寛

今では脚気《かっけ》はビタミンB1の欠乏症によると広く知られるが、研究史上では明治三十年（一八九七）にオランダ人エイクマンが、白米食が脚気の原因であり米糠《こめぬか》の中にこれを予防する成分があることを、明治四十四年には鈴木梅太郎《すずきうめたろう》とポーランド人フンクも、それぞれ米糠中の抗脚気成分を発見している。

脚気については、古くは『日本後紀《にほんこうき》』や『和名類聚抄《わみょうるいじゅうしょう》』にその名がみえるが、明治期には集団生活をする軍隊の中で多発し、日清・日露戦争時には多くの病人を出した。その主原因をめぐって、とくに陸軍と海軍の間で激しい論争、対立がおこった。陸軍側はドイツ医学を学んだ森鷗外《もりおうがい》を中心に、対する海軍側は、イギリスで医学を学んだ高木兼寛《たかぎかねひろ》を主にして実際の調査をもとに反論した。

この論争は、明治時代の医学上の大きなテーマでもあった。早くから白米の食生活を問題視していた兼寛は、海軍兵食改良を実践し脚気予防に成功したのである。病気の原因が食生活の中にあり、ビタミンB1の欠乏症という正体が次第にわ

明治8年（1875）イギリスに留学したころの高木兼寛
（東京慈恵会医科大学学術情報センター史料室所蔵）

かるにつれて、海軍側の主張が通り、森鷗外は沈黙した。

この海軍側の中心となった高木兼寛は、嘉永二年（一八四九）に鹿児島藩領の日向国諸県郡穆佐郷《もろかたぐんむかさごう》（宮崎市高岡町《たかおかちょう》）に生まれた。父は鹿児島藩外城士《とじょうし》（郷士《ごうし》）である。彼は、鹿児島に出て医を学び、ウィルスに師事する。明治五年、兵部省に入り東京に出る。結婚後、明治八年父喜助の死去後イギリスに留学、セント・トーマス病院医学校に学び、明治十三年帰国すると東京海軍病院長となり、同十七年軍医本部長、翌十八年軍医総監に任ぜられる。その間、明治十四年には成医会を結成し講習所の所長となった。これがのちの東京慈恵会《じけいかい》医科大学である。

また有志共立東京病院（のち同大学付属病院となる）を設立し、同十八年には同病院内に、わが国で最初のナイチンゲール式看護教育機関である看護婦養成所をつくった。兼寛は、官学中心のドイツ医学が主流であった時代に、イギリス医学を導入して私立医学校の基礎を築いた。大正九年死去。七十二歳であった。

（永井哲雄）

前衛画家・瑛九の世界とは?

瑛九《えいきゅう》。本名は杉田秀夫である。明治四十四年(一九一一)、宮崎市の眼科医の次男として生まれる。父は俳人でもあり、幼少期から文化的に恵まれた環境で育った。家を継ぐことは考えずに、憧《あこが》れていた画家をめざした。生涯、自由と独立の精神を持ち続けた瑛九にとって、芸術の世界は自己表現の舞台として格好の場であった。

十四歳の時に上京、日本美術学校洋画科で油絵を学び始める。同時に国内外の文学に熱中し、さまざまな思想や芸術表現の見識を深め、多くの美術評論を執筆した。

瑛九が造形作家として注目を浴びるのは、昭和十一年(一九三六)、写真の印画紙に光によってイメージを描き出す「フォト・デッサン」の発表からである。

瑛九「田園B」が原画として使われているメディキット県民文化センター（宮崎県立芸術劇場）の緞帳（メディキット県民文化センター提供）

　秀夫が「瑛九」と命名されるのもこの時で、「秀夫という名前ではあまりに平凡」と言い出したことから、理解者であった美術評論家外山《とやま》卯三郎《うさぶろう》の好きな「瑛」の字と、画家の長谷川三郎の好きな「九」を合わせて「瑛九」となった。「瑛」は水晶玉、「九」は多数の意で、水晶玉がたくさん集まってキラキラ輝く意味だと、大変気に入っていたようである。

　瑛九はいろいろな顔を持っていた。評論家久保《くぼ》貞次郎《さだじろう》は「夢想家、文化運動家、批評家、詩人、版画

宮崎県立美術館　住所／宮崎市船塚3－210（県総合文化公園内）　交通／JR宮崎駅よりバスで「文化公園前」下車

家、「画家」と表現している。作風も、印象派、シュルレアリスム、キュビズム、抽象《ちゅうしょう》と次々に変転した。瑛九にとっては自分の好奇心のまま、感じたままに行動し、自分の世界を表そうとしただけに過ぎなかったのである。

特徴的なものに「デモクラート美術家協会」の結成がある。瑛九に共感して入会したなかに、画家の靉嘔《あいおう》、池田満寿夫《いけだますお》、写真家の細江英公《ほそええいこう》、デザイナーの早川良雄《はやかわよしお》らがいる。次代の若い作家たちに大きな影響を与えたことは、瑛九の幅の広さと奥行きの証明ともいえる。

晩年の瑛九は、油彩画《ゆさいが》に没頭し、点描《てんびょう》による独特の抽象表現を確立した。代表作のひとつ「田園B」が、メディキット県民文化センターの緞帳《どんちょう》に使われている。色点の集積による宇宙的な広がりをもった世界。縦一〇メートル・横二〇メートルの大画面は一見の価値がある。

（高野明広）

第７章　信仰・民俗編

木喰五智館に安置されている木喰作の五智如来坐像（西都市）

八幡神社はなぜ、宮崎平野に多いのか

日本の八百万《やおよろず》の神の中で広く信仰されているのが、八幡神《はちまんしん》である。八幡信仰の本源は、豊前国（大分県）にある宇佐神宮《うさじんぐう》すなわち宇佐八幡宮である。全国の神社の中でもっとも早く仏教と習合《しゅうごう》・連携《れんけい》したのも宇佐八幡宮である。仏教守護・護国の神としての八幡大菩薩《はちまんだいぼさつ》の号を有し、主祭神《しゅさいじん》を応神《おうじん》天皇とするところから守護神そして武の神としての尊崇を得てきた。

『宮崎県神社誌』によると、現在も県内には八幡神社が六八社ある。神社全体の一割強であり、次の熊野神社三二社を大きくしのいでいる。ではなぜ、宮崎平野に八幡神社が多いのだろうか。

それには、日向国における臼杵《うすき》・宮崎・諸県郡《もろかたぐん》が、平安時代以来宇佐八幡宮領の荘園であったことと関係している。また、児湯郡《こゆぐん》の一《ひと》ツ瀬川《せがわ》流域を中心とした石清水八幡宮《いわしみずはちまんぐう》領、大淀川《おおよどがわ》以南の県南島津荘《しまづのしょう》を中心とする地域では大隅国の正八《しょうはち》幡宮《まんぐう》と、八幡宮の勧請《かんじょう》がなされた。たとえば、延岡今山八幡《いまやまはちまん》、宮崎奈古《なこ》神社、本庄衾田《ふすまだ》八幡宮《はちまんぐう》など県内各所に広がっている。

その影響は数百年の歴史を通して、宇佐八幡から地方神職へと神事祭式一切が伝承されてきた。武士時代には守護神として、戦さ時だけでなく日常においても常に崇拝《すうはい》の対象であった。神職同士の交流をはじめ、庶民生活に浸透する神職の活動が積み重ねられてきた。

奈古神社（宮崎市／杉純一郎氏提供）

年間祭事では、五節供《ごせっく》をはじめ、二月初午《はつうま》、六月晦《みそ》日《か》、八月八朔《はっさく》、七月を除く月の十五日の行事、九月の放生会《ほうじょうえ》などが行われた。相撲、流鏑馬《やぶさめ》、神輿《みこし》あるいは福種《ふくたね》、刎馬《はねうま》などがあった。今山八幡宮には、神事芸能として田楽《でんがく》、神馬《しんめ》、万歳《まんざい》、楽舞《がくぶ》、神楽《かぐら》などの記録がある。庶民への浸透は、年中行事にもみてとれる。正月から大晦日《おおみそか》まで、村々の風俗慣習を教導《きょうどう》してきた神職の存在は大きい。

神仏習合の慣習を深く追い求めていくと、八幡信仰の影響が色濃く残されていることを知ることができる。

（那賀教史）

宮崎県に神楽が多いのはなぜ？

宮崎県には現在、およそ三五〇カ所に神楽《かぐら》が残されている。神楽は、人々が神の降臨《こうりん》を願い、問答《もんどう》をし、願い事をして神と共に楽しむ場である。神楽は宮中での儀式や武士の祈願行事、また地域での神事芸能へと広がり、多くの人々のよく知るところとなった。

神楽は春夏秋冬、絶える時はないといわれる。春は春風の、冬は身を切る寒風の中で笛・太鼓・銅拍子《どびょうし》に合わせた舞いが披露《ひろう》される。本県の神楽伝承地域は、山間部、平野部、海岸部と全地域にわたり、特に春と冬の神楽が盛んである。

春には平地や海岸部において、昼に行われる日神楽《ひかぐら》、昼から夜半まで舞われる半夜神楽《はんよかぐら》が催《もよお》される。秋から冬にかけては、山間部において夜神楽《よかぐら》が行われる。

なぜ、本県には神楽がこんなに多く残されているのだろうか。その一つは、神

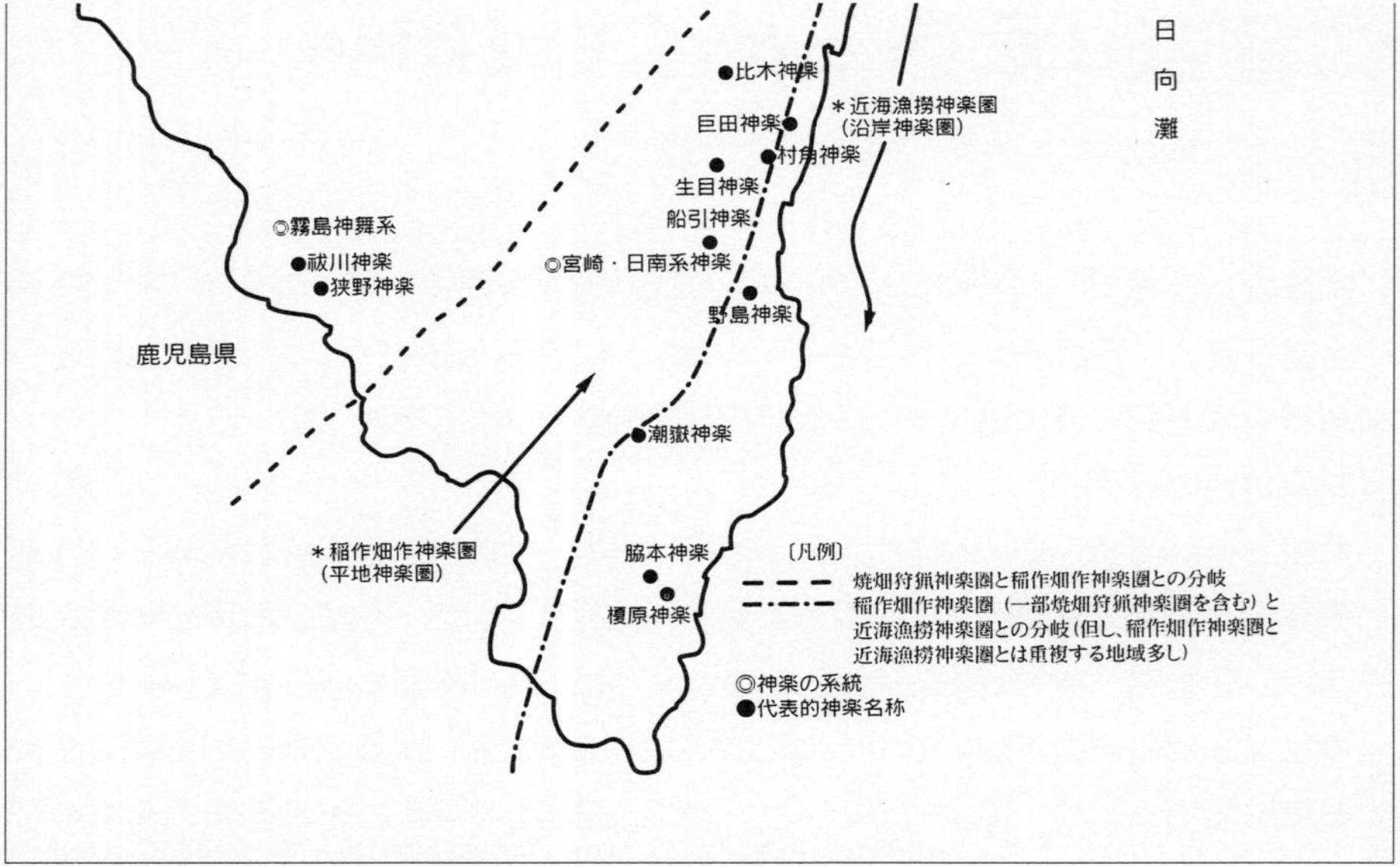

生産形態からみた神楽圏図（山口保明氏作成／『宮崎の神楽』より転載）

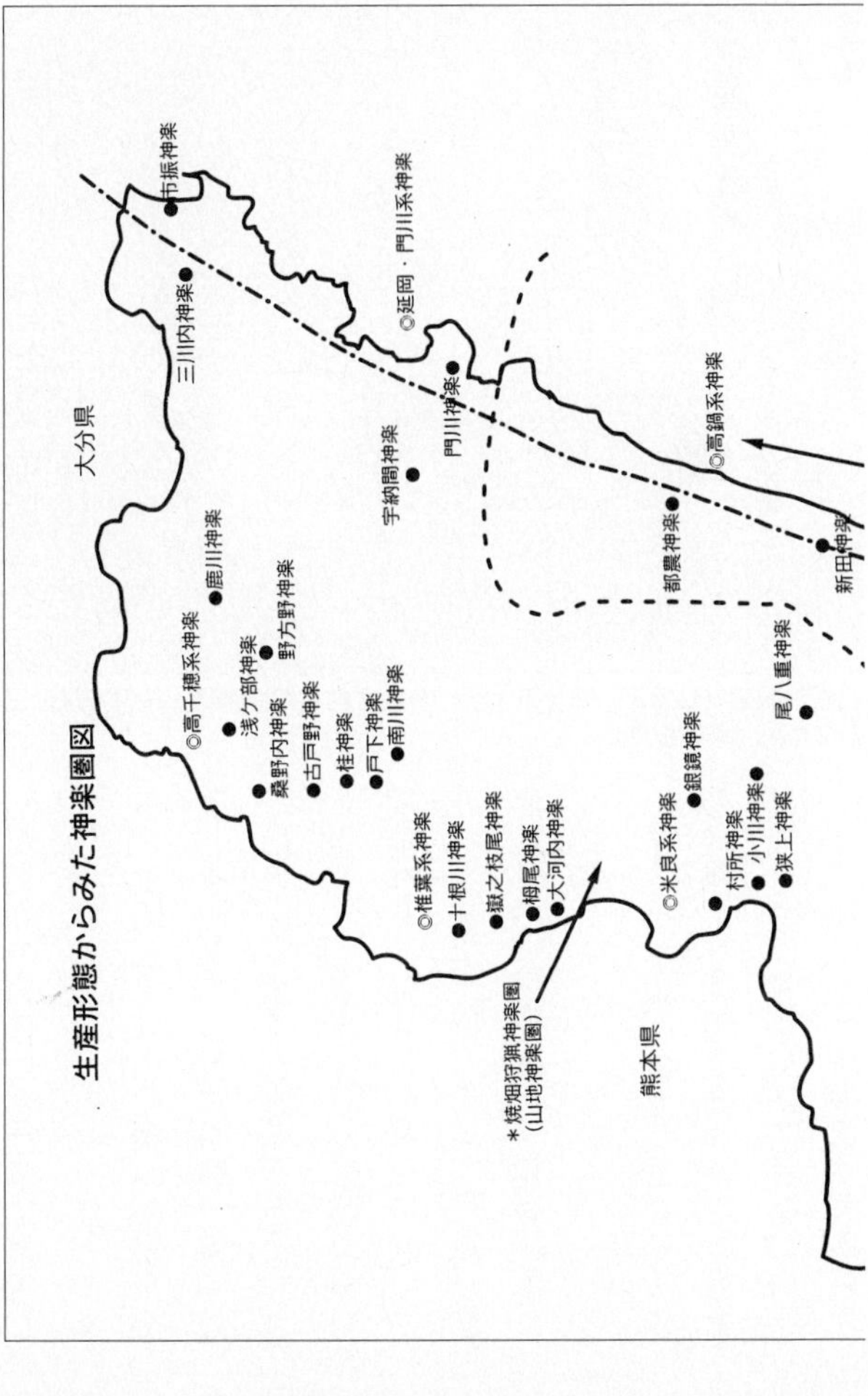
大分県
市振神楽
三川内神楽
◎延岡・門川系神楽
門川神楽
宇納間神楽
◎高鍋系神楽
都農神楽
新田神楽
鹿川神楽
野方野神楽
◎高千穂系神楽
浅ケ部神楽
桑野内神楽
古戸野神楽
桂神楽
戸下神楽
南川神楽
◎椎葉系神楽
十根川神楽
嶽之枝尾神楽
栂尾神楽
大河内神楽
◎米良系神楽
銀鏡神楽
尾八重神楽
村所神楽
小川神楽
狭上神楽
＊焼畑狩猟神楽圏
（山地神楽圏）
熊本県

生産形態からみた神楽圏図

西都市銀鏡（しろみ）神社の大祭に奉納される銀鏡神楽。国重要無形民俗文化財（筆者提供）

楽が人々の暮らしや仕事に密着して伝承されてきたということである。山間部では山の神への安全祈願、平野部では豊作祈願、海岸部では豊漁《ほうりょう》祈願の神楽が伝えられてきた。シシトギリ、箕取《みと》り舞《ま》い、福種《ふくたね》祭り、釣《つ》り舞《ま》い等がそれであり、五穀豊穣《ごこくほうじょう》、豊漁《ほうりょう》豊猟《ほうりょう》、無《む》病《びょう》息災《そくさい》への感謝が、神楽継承につながってきたのである。

もう一つは、集落における人々の絆《きずな》がより強固であったこともあげられる。神事である神楽の舞手《まいて》には、神聖さと緊張感が求められる。また、芸能としての笑いや面白さを演出する心も必要とされる。奉納前の練習や長老や伝承者との心の交流、神庭の飾りつけや料理づくり等の準備を集落一体で行う協働の場も絆を固くしている。

自然豊かでよき人の輪に恵まれ、時も場も忘れて舞いの世界に没頭する体験は、神楽継承の思いを強くし集落にも元気さが増す。今年もまた、舞手と観客とが一体となって盛り上がる神楽が集落のあちこちで催される。

（那賀教史）

霧島信仰はなぜ、宮崎平野において盛んなのか

霧島《きりしま》を崇拝する霧島信仰が盛んである。霧島連山は宮崎県から鹿児島県にかけて広がり、夷守岳《ひなもりだけ》、韓国岳《からくにだけ》、白鳥山《しらとりやま》など千数百メートル級の諸山群からなる。中でもひときわ秀麗《しゅうれい》な山が高千穂峰《たかちほのみね》であり、『三国名勝図会《さんごくめいしょうずえ》』には、「此嶽《このだけ》本名は高千穂といえども、従来霧島山を以《もっ》て通称とす」と、霧島を代表するものとして記されている。

霧島は豊かな水源をもち、恵みをもたらす〝農神の山〟であるとともに、噴火の歴史を繰り返し、作物に被害をもたらす〝畏怖《いふ》の山〟でもあった。信仰の対象は高千穂峰を主とし、霧島山中の峉《みね》神社を中心とする霧島六社権現《ろくしゃごんげん》を祀《まつ》る神社であった。嘉永三年（一八五〇）、右松町《みぎまつちょう》（現西都市《さいとし》）の庄屋が供をつれて霧島参《さん》詣《けい》と湯治に出かけたことが日記に記されている。

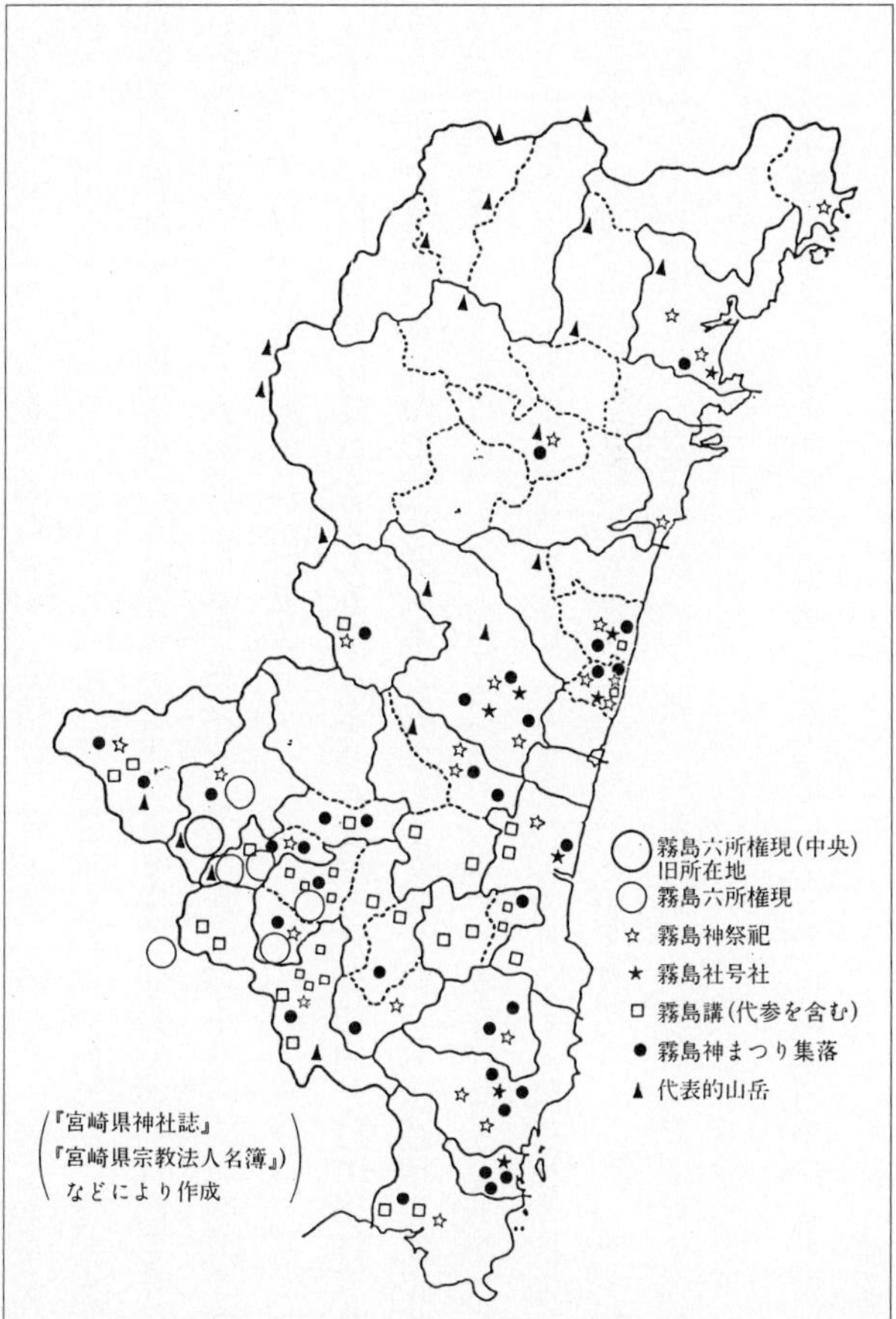

霧島信仰図(山口保明氏作成/『宮崎県史 資料編民俗2』より転載)

霧島信仰はなぜ、宮崎平野において盛んだったのだろうか。一つには霧島が、日々の生活に安らぎを与える祈りの山としての貴重な存在であったことである。秀峰高千穂峰は、県内平野のどこからでもよく見える。「霧島参りは山を見ていけば迷わない」といわれ、間近の都城《みやこのじょう》市《し》高城町《たかじょうちょう》からはもちろん、宮崎市や西都市からもはっきりと見ることができる。

もう一つは、自然の猛威を鎮《しず》め安全な暮らしを願う信仰の山として崇拝されてきたことである。霧島はその周辺に農作物への水を提供し、五穀豊穣《ごこくほうじょう》を約束する恵みの山であり、人々はいつもその恩恵《おんけい》に浴《よく》してきた。また、時として噴煙をあげる山に不安を感じつつ、被害のないことを願ってきた。人々は神社や奥の院へ参詣し、祭神を勧請《かんじょう》して集落内や家の近くに塚や祠堂《しどう》を建ててきた。東臼杵郡《ひがしうすきぐん》美郷町《みさとちょう》田代《たしろ》の権現山《ごんげんやま》、市房山《いちふさやま》から熊本県、鹿児島県、大分県にまでその信仰は広がっている。

よく晴れた日に霧島連山を仰《あお》げば、崇高な姿に心うたれる人も多いことだろう。

（那賀教史）

霧島連山の一つ、韓国岳（えびの市）

「霧島様」（筆者提供）

柳田民俗学は日向におこる！――

柳田国男と椎葉『後狩詞記』

柳田国男《やなぎたくにお》は、日本民俗学の創始者として知られる。農商務省《のうしょうむしょう》の役人であった柳田は、全国の実情を知り農政の講演を重ねる旅の途中で耳にした椎葉村《しいばそん》のことに関心を持ち、明治四十一年（一九〇八）七月十三日に村を訪れた。村長の中瀬淳氏と五泊宿を共にし、一日目は下松尾《しもまつお》の松岡久次氏宅に宿泊し、桑弓野《くわゆみの》の黒木盛衛氏宅に二泊、大河内《おおかわち》椎葉徳蔵氏、不土野《ふどの》奈須源蔵氏、鹿野遊《かなすび》那須鶴千代氏宅に一泊して、村内の有志から山地の暮らしや狩猟に関する話を聞いた。

生業としての焼畑《やきはた》の存続、猪狩りの慣習が、中世を思わせる形で現存していることに驚き感動し、その後に東京へ届けられた中瀬氏の資料をもとに、『後狩《のちのかり》詞記《ことばのき》』を執筆して世に送り出した。『後狩詞記』としたのは、室町中期の『群《ぐん》書類従《しょるいじゅう》』に弓箭《きゅうせん》を主とした「狩詞記」が記されており、鉄砲を用いる第二期の

大河内椎葉徳蔵邸古写真（黒木勝美氏提供）

「民俗学発祥之地」碑（東臼杵郡椎葉村／黒木勝美氏提供）

猟《りょう》にあたると考えたからである。

その内容は、椎葉村のきびしい地形や、山を焼いて畑を拓《ひら》きソバやアワ、ヒエ等の作物を収穫する焼畑農業の様子、人々の暮らしや家の造り、わけても狩猟習俗に関連する狩り場、地形、狩りの詞《ことば》、信仰、狩りの作法やさばき方、分配等細部にわたるもので、土地の様子を詳しく紹介するものであった。同書は、これまであまり知られることのなかった山の生活に対する人々の関心を大いに高め、椎葉村の名を世に知らせるものとなった。

椎葉村を離れる峠で詠《よ》んだ「立ちかえり又み、川のみなかみにいほりせん日は夢ならでいつ」の思いは叶わず、柳田が再び椎葉村を訪れることはなかったが、著名な『遠野《とおの》物語』の前年に刊行された同書は民俗学の源とされた。「民俗学発祥之地」の碑が椎葉村に建立され、その意義を知って椎葉村を訪れる人が近年増加している。

（那賀教史）

これは見逃せない！ 木喰が残した足跡

西都市《さいとし》三宅《みやけ》国分《こくぶ》の日向国分寺《ひゅうがこくぶんじ》跡に建つ五智堂《ごちどう》には五体の木彫仏が安置されている。どれも座像で、中央の大日如来像《だいにちにょらいぞう》は三メートルを超え、脇の阿弥陀如来《あみだにょらい》・薬師如来《やくしにょらい》・釈迦如来《しゃかにょらい》・宝生如来《ほうしょうにょらい》の各像も三メートルに近い巨大な仏像である。

この像は寛政四年（一七九二）から同六年にかけて廻国僧《かいこくそう》、木喰行道《もくじきぎょうどう》（一七一八―一八一〇）が制作したものである。この仏像の制作の様子は地元で「木喰さんは、国分寺から北に数キロ離れた都萬《つま》神社の近くで、人柱《ひとばしら》伝説の残る稚児《ちご》ケ池《がいけ》に楠《くすのき》の大木を浮かべて五智如来《ごちにょらい》像を彫刻しやった」と語り伝えられている。

宮崎県内の木喰仏《もくじきぶつ》は、日向市の平岩《ひらいわ》地蔵堂《じぞうどう》の将軍地蔵像や行道が日向国を去る寛政九年に彫刻した疱瘡神像《ほうそうしんぞう》など、西都市を中心に現在二〇点近く確認されている。行道が日向国に入ったのは天明八年（一七八八）七十一歳のときで、三回目

日向国分寺跡（西都市）

の廻国修行の途中、日向国分寺などに納経《のうきょう》するためであった。

しかし、国分寺に着いた行道は、「よんどころなき因縁」により国分寺の住職《じゅうしょく》になり、それから足かけ十年間、日向の地に留《とど》まるのである。住職になって三年後の寛政三年、国分寺が焼失し、行道はその再興のために日向国内を勧進《かんじん》してまわる。そして同九年、念願がかない再興が成就《じょうじゅ》する。

ところで、木喰行道という廻国僧は、どんな人物だったのか。

享保三年（一七一八）甲斐国古関村《かいのくにふるせきむら》（現山梨県南巨摩郡身延町《みなみこまぐんみのぶちょう》）に生ま

日向国分寺跡に建つ五智堂（西都市）

れる。二十二歳で出家し、文化七年（一八一〇）九十三歳で亡くなったと伝えられる。彼は、五十六歳から亡くなる九十三歳まで全国の国分寺などに納経してまわる廻国修行の旅に四回も出ている。まさに修行の一生である。

旅は、北は北海道から南は鹿児島までと全国にまたがり、その先々で仏像を残している。その仏像は「微笑仏《びしょうぶつ》」といわれ、人々の心を和《なご》ませる。現在、約六〇〇体近くが確認されている。

（押川周弘）

日向国分寺跡　住所／西都市妻1241－1　交通／JR宮崎駅よりバスで「西都バスセンター」下車、車で10分

お食い初めに「ナマズ」?

赤ちゃんが生まれて百日たったら、百日祝《ももかいわい》のお食《く》い初《ぞ》めが行われる。普通であれば、鯛《たい》の尾頭《おかしら》付きをお膳《ぜん》に据《す》えて食べさせるところであるが、宮崎県北部の延岡《のべおか》地方では、これが鯛ではなく、なぜか昔から「ナマズ」なのである。ただし、同じ延岡でも、島である島野浦《しまのうら》地区、北浦《きたうら》地区の海岸部あたりでは、やはり鯛の尾頭付きのようである。しかし、同じ北浦地区内でも内陸部の三川内《みかわうち》地区は、今でもナマズを食べさせているようである。

ではなぜ、ナマズなのか。ナマズは、長短四本のヒゲがあり、ウロコがなく、〝ヌメヌメ〟している。また身動きすると、地震を起こすというほどの神通力を持っており、しかも骨が硬い。食事が〝スルスル〟とのどを通るように、またナマズの強い性格や硬い骨にあやかって、子どもがたくましく育つように、歯が丈《じょう》夫《ぶ》になるようにとの願いが込められている。

近年は、なかなかナマズが取れないので、ナマズの代わりに絵を描いて代用することが多い。また最近では、百日祝用のナマズのお菓子も販売されている。

お食い初め（筆者提供）

ちなみに、百日祝にナマズを食べさせる風習が残っているのは、五ヶ瀬川沿いでは、北方地区あたりまでである。

いずれにしても、ナマズの大きな口にあやかって、何でもよく食べ、一生食べることに不自由しないようにとの親の願いが込められている。

（九鬼　勉）

「鮎やな」のある風景——
内藤充真院の見た延岡

毎年十月になると、延岡《のべおか》の五ケ瀬川《ごかせがわ》流域では「鮎やな」が掛《か》かり、河原で野趣《やしゅ》あふれる鮎《あゆ》料理が堪能できる。簗《やな》をかけ鮎を取る漁法の歴史は古く、江戸時代には、将軍への献上品として鮎の塩漬けが用いられた。また幕末には、初めてお国入りした藩主夫人が、その漁の様子を好奇心いっぱいに記している。著者は、充《じゅう》真院《しんいん》という藩主内藤政順《ないとうまさより》の正室である。譜代三十五万石の彦根《ひこね》藩《はん》井伊《いい》家《け》の姫君として育ち、実弟には江戸城桜《さくら》田門《だもん》で倒れた井伊直弼《いいなおすけ》がいる。

大名家の家族は、幕府の政策により江戸を出ることが許されなかったが、その制度が緩和されたのが文久二年（一八六二）閏《うるう》八月である。参勤は三年に一度で百日の在府、正室や家族についても国に帰ってもかまわないということになり、充真院は、明けて文久三年四月六日、領国延岡へと旅立った。このとき六十四歳、

延岡藩主夫人・内藤充真院繁子が描いた、江戸時代に延岡で行われていた鮎やな漁の画（『内藤充真院繁子道中日記』より／明治大学博物館所蔵）

現在の鮎やな（延岡市）

実は江戸を離れ難く、しかたなくという出立である。長い道中で髪はざんばら、駕籠《かご》で居眠りすれば頭にはコブが、というわけで、旅行記に付けられたタイトルは『五十三次ねむりの合《あい》の手《て》』である。しかしながら、そこにはおよそ二カ月にわたる道中と帰国してからの日々が、闊達《かったつ》な文章と挿絵《さしえ》により生き生きと描かれている。

延岡に着き、ようやく落ち着いた八月二十六日、出かけた先が松山《まつやま》（現延岡市松山町《まつやままち》）の鮎やなである。旧暦の八月末は、今でいえば九月末にあたる。城の裏手から舟に乗り、「桜や楓《かえで》があれば延岡の隅田川《すみだがわ》と言う風情なのだけど」、などと思いつつ、浅い所は舟を引かせて五ヶ瀬川を上っていく。

やがて簗《やな》が見えてきた。川水を堰《せ》き止めて下に竹簾《たけす》を敷き、その上に鮎が落ち留まるようにしてある。それを手々に取るのである。舟を近づけて眺めるが、その面白さに簗の上に乗って鮎を拾いはじめる御供女中《おともじょちゅう》もあり大騒動である。取れた鮎は、さっそく塩焼きにして河原に持たせ、酒など開いて野遊びを楽しんだ。初めて知る鄙《ひな》の暮らしもまた一興という一幕である。

（清水正恵）

「大人歌舞伎」と「柚木野の浄瑠璃」とは?

九州唯一の農村歌舞伎「大人《おおひと》歌舞伎」が保存伝承されている西臼杵郡日之影《にしうすきぐんひのかげ》町《ちょう》岩井川大人《いわいがわおおひと》には、戦国末期に非業《ひごう》の死を遂げた、領主甲斐宗摂《かいそうせつ》の歴史秘話がある。

天正十五年（一五八七）、九州を平定した秀吉は、その功として豊前国香春《ぶぜんのくにかわら》城主《じょうしゅ》高橋元種《たかはしもとたね》に日向《ひゅうが》の県《あがた》（現延岡市《のべおかし》）五万三〇〇〇石の領地を与えた。

しかし、高千穂郷《たかちほごう》領主三田井越前守親武《みたいえちぜんのかみちかたけ》はその支配を拒《こば》んだため、元種は三田井家の筆頭重臣岩井川中崎《なかざき》城主甲斐宗摂を味方に引き入れ、三田井一族を攻略した。岩井川領民の安住のためにやむなく元種に従った宗摂であったが、文禄四年（一五九五）に、逆臣《ぎゃくしん》の汚名を着せられ、元種に討たれたという。

大人歌舞伎は地蔵菩薩を信仰し、用水路開発など、善政を行った宗摂への報恩《ほうおん》

大人神社　住所／西臼杵郡日之影町大字岩井川2109　交通／JR延岡駅よりバスで「宮水」下車、徒歩15分

西臼杵郡日之影町で演じられている九州唯一の農村歌舞伎「大人歌舞伎」

感謝《かんしゃ》の供養奉納として、宗摂を祭祀する大人《おおひと》神社例祭日十月九日前後の祝祭日に上演されている。古くは供養踊りであったが、宗摂が芝居好きであったことから、天明年間（一七八一―八九）から地芝居《じしばい》奉納が始まっている。

上演は夜の七時半に祭礼祈願として、「寿三番叟《ことぶきさんばそう》」の奉納があり、その後に「歌舞伎の館」正面の小台地にある大人神社に向かって全員が礼拝する。演目《えんもく》は「絵本太閤記《えほんたいこうき》」「義《よし》経《つね》千本桜《せんぼんざくら》」などの古典と、新作「宗摂物語」「赤城《あかぎ》の子守唄」など二十

高千穂町コミュニティセンター・歴史民俗資料館　住所／西臼杵郡高千穂町大字三田井1515　交通／JR延岡駅よりバスで「高千穂バスセンター」下車、徒歩12分

題があり、毎年二演目が上演される。近年は四月上旬にも桜公演として二演目を上演している。

芝居道具は文政年間（一八一八―三〇）の引幕《ひきまく》や二見浦《ふたみうら》の染幕《そめまく》をはじめ、かつら八十面《やそめん》、鎧《よろい》・打掛《うちかけ》・帯類など二百数十点が保存活用されている。保存会員二五人、小・中学生の歌舞伎少年団員一〇名を中心に、里人の熱意で年々盛んになり、伝承活動は着実に進んでいる。

西臼杵郡高千穂町《たかちほちょう》の柚木野《ゆのきの》人形浄瑠璃《にんぎょうじょうるり》は平成二十三年（二〇一一）まで伝承されていたが、保存会員の高齢化等で活動が困難になり、天保四年（一八三三）の奉加帳《ほうかちょう》や天狗久《てんぐひさ》の頭《かしら》など三九体と衣装八〇枚を町歴史民俗資料館に移管し、展示されている。

（田尻隆介）

山之口の人形浄瑠璃の魅力とは？

都城《みやこのじょう》市山之口町《しやまのくちちょう》には、平成七年（一九九五）に国の重要無形民俗文化財に指定された「山之口麓文弥節人形浄瑠璃《ふもとぶんやぶしにんぎょうじょうるり》」という民俗芸能が伝えられている。

現在、その定期公演が三月、六月、九月、十一月の第三日曜日の年四回、都城市の山之口麓文弥節人形浄瑠璃資料館で開催されている。そこでは、近松門左衛門《ちかまつもんざえもん》が江戸前期に浄瑠璃語りとして活躍した岡元文弥《おかもとぶんや》のために初めて書き下ろしたという『出世景清《しゅっせかげきよ》』や『門出八嶋《かどでやしま》』が上演される。

この山之口麓文弥節人形浄瑠璃は、三味線《しゃみせん》と、語りと、人形の操《あやつ》りが一体となって物語を演じるものである。その由来は島津家の参勤交代《さんきんこうたい》の途中で、武士が大坂や京都で流行していたものを習い覚えて来て、旅の疲れを癒《いや》すために行うようになったといわれている。そのことを示すのが、文政九年（一八二六）に書き写

都城市山之口町の山之口麓文弥節人形浄瑠璃（筆者提供）

したとされる「出世景清」の人形語り台本で、山之口麓文弥節人形浄瑠璃資料館に保存・展示されている。

以来、この人形浄瑠璃は、江戸時代に山之口の地頭仮屋《じとうかりや》という役所があった麓《ふもと》地区の古老たちに伝承されてきた。一時、昭和の戦争等で途絶えた時期もあったが、昭和二十六年（一九五一）に復活し、その後、地域の人々によって保存会が結成され、今日に至っている。

現在、こうした人形浄瑠璃が伝承されているのは全国では山之口をはじめ、石川県石川郡尾口村《おぐちむら》（現白山《はくさん》

山之口麓文弥節人形浄瑠璃資料館　住所／都城市山之口町山之口2921－1　交通／JR山之口駅より車で5分

市《し》)、新潟県佐渡島《さどがしま》、鹿児島県薩摩郡東郷町《さつまぐんとうごうちょう》(現薩摩川内市《さつませんだいし》)の四カ所だけとなっている。

現在、二十数体の人形が保存されている。そのつくりは、頭《かしら》は桐の一本づくりという、顔の部分とノド木を固定したものに胴串《どぐし》を差し込んだもので、これは文《ぶん》弥節《やぶし》人形初期の形態とされる貴重なものである。

このほか、浄瑠璃公演後に「間狂言《あいきょうげん》」が上演される。「ノロマ」と呼ばれる滑《こっ》稽《けい》な人形が登場し、地域の方言で演じて観衆を楽しませている。(山下真一)

「田の神さあ」のたたずまいとは?

旧薩摩藩《さつまはん》領域の村々には、田の見える高台や田の傍《かたわ》らなどに、高さ五〇センチメートルから一メートルほどの丸彫り・浮彫《うきぼ》りの像をみることができる。これが田《た》の神石像《かみせきぞう》である。

田の神に関わる信仰は全国にみられるが、田の神石像は主に旧薩摩藩領内に限ってみられる独特の地域文化といえる。地元では「タノカンサア(田の神様)」と呼ばれ、今でも多くの人びとに親しまれている。

タノカンサアは、十八世紀になって霧島《きりしま》や桜島《さくらじま》の噴火、そして台風などの自然災害によって飢饉《ききん》になったとき、また新田の開発を行った時などに、人々が自らの幸福や生産力の向上・五穀豊穣《ごこくほうじょう》を願って作られたのである。

このタノカンサアには、いろいろな形がある。神様・仏様そのものであったり、手にお椀《わん》やしゃもじ、鈴を持って表情豊かに踊っていたりと、それは多様である。それらは大きく仏像型系統と神像《しんぞう》型系統の二つの系統に分けられ、前者が薩摩半島の北側地域から、後者は諸県《もろかた》地方から発生した。初めタノカンサアは仏像や神像として出発し、それが田《た》の神舞《かみまい》など、人びとの姿を刻んで庶民化されていったのであろう。

宮崎県内では薩摩藩領域であった地域を中心に見ることができ、その型も多様である。小林市や都城市高崎町《みやこのじょうしたかさきちょう》では神像型のものが多く分布し、時代的には享保期（一七一六―三六）という早い時期に作られたものが多い。これは、この地域が神像型の発祥の地であることを示している。えびの市は地理的に鹿児島県始良郡《あいらぐん》と接していることから、田の神舞型が多いのが特徴である。

人びとの間では、春になると山の神が里におりてきて田の神となり、秋になるとまた山に帰っていくと考えられていた。そこで農民は、春に田の神様がよりつく場所としてタノカンサアを作り、これに供え物をして豊作を祈ったのである。

（山下真一）

田の神さあ（筆者提供）

えびの市歴史民俗資料館　住所／えびの市大字大明司2146－2　交通／JRえびの駅より車で5分

第 8 章　自然・災害編

青島から南の巾着島までの海岸線に見られる波状岩「鬼の洗濯板」（宮崎市）

県の南北を区切る耳川流域のなぞ

宮崎県で県北、県央、県南といえば、その境はいささか不明確であるが、県北に限っていえば、おおかたが耳川《みみかわ》流域を境とした見方があたっている。古くは美々川とも書く。それほど明確な一線が引けるのは、この川が、その源流を熊本県境にもち、九州山地を切り抜けて河口の日向市美々津《ひゅうがしみみつ》まで、堆積層《たいせきそう》の平野部分を持つことなく、つまり水田平野地帯がないまま山間地からいきなり日向灘に注ぐからである。

宮崎県の河川は、おおかた西方九州山地に源を持ち、東の日向灘に注ぐ。それぞれが河口付近に大なり小なりの水田地帯を持ち都市を形成している。そして河川下流に大小の古墳群をもつという特色がある。五ケ瀬川《ごかせがわ》の天下《あもり》古墳群、小丸川《こまるがわ》の持田《もちだ》・高鍋《たかなべ》古墳群、一ツ瀬川《ひとっせがわ》の西都原《さいとばる》・祇園原《ぎおんばる》古墳群、大淀川《おおよどがわ》の生目《いきめ》古墳群、

日本で初めて造られ高さ100メートル級の大規模アーチダム、上椎葉ダム（東臼杵郡椎葉村）

本庄《ほんじょう》古墳群などである。しかしながら、耳川にはそれらがない。

全長約一〇三・四キロメートル、流域面積約八八一平方キロメートル、二級河川で支流は二八筋、二村一町一市の間を貫流《かんりゅう》しながら、ほとんどが山地である。流域はこの地勢を利用しながら開発され、また平家落人伝説や、柳田国男の『後狩詞記《のちのかりことばのき》』にみられる民俗学を生む秘境の椎葉《しいば》の集落を育てたといってよい。

その開発のなかに、上椎葉《かみしいば》ダム（発電量九万キロワット）に代表

上椎葉ダム　住所／東臼杵郡椎葉村大字下福良針金橋　交通／JR日向市駅より近くの都町からバスで「椎葉」（終点）下車、車で10分

される合計八つの水力発電ダムの設置がある。これらのダムは、防災・農業・治水などのためではなく、すべてが発電用ダムである。総発電量は三一万五二八〇キロワットで、宮崎県の水力発電量の三五パーセントを占めるといわれる。

従来の山林資源ばかりでなく、この水系に目を付けた住友は、大正十四年（一九二五）に西郷《さいごう》・山須原《やますばる》・塚原《つかばる》・岩屋戸《いわやと》等の水利権を得てダム開発に乗り出したが、この林業地帯の産物搬出《さんぶつはんしゅつ》に支障をきたすため、西郷村《さいごうそん》（現東臼杵郡《ひがしうすきぐん》美郷町《みさとちょう》）和田橋から椎葉村《しいばそん》までの約四〇キロメートルの道路建設費百万円を宮崎県に提供した。いわゆる「百万円道路」と称されたこの道路建設は、下流の旧国道3号線の美々津橋架橋と合わせて、昭和の大恐慌時代の不況対策に大きく貢献した。

また、峻険《しゅんけん》な山岳地帯を有する耳川流域は、立岩《たていわ》信仰やダキ信仰をはじめとした地勢特有の文化を生んでいる。

（永井哲雄）

日本一の照葉樹林——綾ユネスコ エコパークって何？

ユネスコ エコパークは、「世界遺産条約」の前年（一九七一年）に発足した「MAB（人間と生物圏計画）」の実践モデル地域であるBR（生物圏保存地域）のことで、日本だけの愛称である。保護優先の世界自然遺産と異なり、保護・保全と持続的利用が求められる。

綾《あや》ユネスコ エコパーク（以後綾BRと表記）は、宮崎県中西部の宮崎市北西約三〇キロメートルにある。綾地域を中心とする一帯には照葉樹林が広く残されている。照葉樹林は東アジアのヒマラヤ南麓《なんろく》山地から日本の南西部にかけて分布する常緑樹で構成される森林生態系である。かつて日本の国土の約五三・六八パーセントであったが、自然林は現在一・五七パーセントしか残されていない。

その中にあって、東諸県郡綾町《ひがしもろかたぐんあやちょう》を中心に小林市、西都市《さいとし》、東諸県郡国富町《くにとみちょう》、児湯郡西米良村《こゆぐんにしめらそん》の五市町村にまたがる地域には、日本最大規模の照葉樹自然林（合計約二六〇〇ヘクタール）が残されている。これに綾の自然生態系農業地域を含めた一万四五八〇ヘクタールが平成二十四年（二〇一二）七月、「綾ＢＲ」に登録された。

綾ＢＲ地域の最高峰は掃部岳《かもんだけ》（一二二三メートル）で、一二〇〇メートル付近を境に、下部が照葉樹林帯、上部がブナ林帯となっている。照葉樹林構成種の約三割は日本固有種で、九州以北に分布する常緑ブナ科ではウバメガシを除く一一種が生育している。原生的な照葉樹林のなかには胸高直径が一五〇センチメートル前後の木や、樹高が四〇メートルを超す木などが見られる。巨木には、絶滅危惧種となったラン科植物などの着生植物が多く見られる。

自然林が広く残る綾の森には、南限のイヌワシやニホンカモシカのほか、クマタカやキュウシュウフクロウ、ヤマネやニホンモモンガ等の希少な野生生物が多く生息し、西日本最大の野生動植物のサンクチュアリー（聖域）となっている。

（河野耕三）

照葉樹林文化館　住所／東諸県郡綾町南俣大口5691－1　交通／JR南宮崎駅より徒歩3分の宮交シティバスターミナルから「綾待合所」下車、車で15分

東諸県郡綾町の照葉樹林。下の写真に写る「照葉大吊橋」は高さ142メートルで、歩行者専用のものとしては日本で2番目（筆者提供）

消えた⁉「外所村」——地震の巣・日向灘

子どものころ、地震があると父が「日向灘《ひゅうがなだ》は地震の巣《す》だから」と、地震の怖さを話してくれたのを覚えている。

その「地震の巣」を震源《しんげん》とする「前代未聞之大地震《ぜんだいみもんのおおじしん》」（『延陵世鑑《えんりょうせいかん》』）が日向国を襲ったのは、寛文二年（一六六二）旧暦九月二十日子ノ刻《ねのこく》（午前零時）であった。被害が日向国全体におよぶなかで、大淀川《おおよどがわ》河口から青島《あおしま》（宮崎市）にかけての海岸沿いの村々は津波の被害が甚大《じんだい》であった。

被害の状況を当時の飫肥藩《おびはん》（ほかに延岡藩《のべおかはん》・佐土原藩《さどわらはん》・高鍋藩《たかなべはん》）の記録で見ると——下加江田本郷《しもかえだほんごう》（宮崎市加江田・北方《きたかた》・南方《みなみかた》・郡司分《ぐじぶん》付近）の「陥《おち》テ海ニ入ル」（海没面積）周囲七里三十五町、流失田畑四百六十町歩、流失米粟《べいぞく》二千三百五十石、倒壊家屋千二百十三戸、流失家屋二百四十六戸、罹災者《りさいしゃ》二千三百九十八人、溺死者《できしし》十五人牛馬五頭——とある。また、被害を受けた一一カ村のなかで「外所村《とんところむら》」は海没したとある。延岡藩でも福島村《ふくしまむら》（現宮崎市田吉《たよし》）が海没している。

もちろんこの地震による被害は、津波の被害だけではない。内陸部でも山崩《やまくず》れ、地滑《じすべ》り、城の石垣の崩壊《ほうかい》、町屋や侍屋敷の破損など、大きな被害が出たことが記録されている。まさに「古今未曾有大災《ここんみぞうのだいさい》」（『日向纂記《ひゅうがさんき》』）であった。

また、この地震では、地域の人々の手で建立された供養碑（宮崎市島山《しまやま》）がある。現在七基あり、年代のわかる一番古いものは文化七年（一八一〇）百五十年年忌に建立されている。その後五十年ごとに建てられており、最近のものは平成十九年（二〇〇七）三百五十年忌の建立である。壊れて年代がわからない供養碑は、おそらく五十年忌・百年忌のものであろう。

この地震は「外所地震」といわれ、外所村は消えたが、地震や津波の恐ろしさ、被害者の無念を伝え続ける供養碑により、村は人々の心にあり続けることであろう。

（押川周弘）

昭和の大地震・えびの直下型地震の「特徴」とは？

えびの市は宮崎県の西端部に位置し、北は熊本県、南と西は鹿児島県に接し、南の霧島山系《きりしまさんけい》、北の九州山系に囲まれ盆地を形成している。人口は約二万人、総面積の約六〇パーセントが林野である。

このえびの市（当時はえびの町）を昭和四十三年（一九六八）二月二十一日、霧島山北麓《きりしまやまほくろく》を震源とする内陸直下型地震が襲ったのである。本震のマグニチュードは6・1で、有感地域は九州全土はもちろん、四国の一部にまでおよんだ。

九州の内陸部を震源とする地震で家屋倒壊などの大きな被害が出たのは、明治二十二年（一八八九）の熊本地震以来、八十年ぶりであった。この地震を気象庁は「えびの地震」と命名した。

それでは、この地震について今少し詳しく見てみよう。地震は昭和四十二年十一月の中ごろから始まり、活動が本格化するのは昭和四十三年二月二十一日から二十五日。その間、震度3以上の有感地震がひっきりなしに続いた。二十一日の余震回数は有感・無感合わせて八〇〇回を超えたという。その後余震は徐々に減るが、三月二十五日には再び震度5の強震が発生し、余震は一年以上続いた。続く余震、「ドーン」と響く不気味な地鳴り、随所《ずいしょ》で起こる山崩《やまくず》れ・崖崩《がけくず》れは、南九州独特のシラス台地のため、大規模であった。人々の不安は想像に難くない。

この地震による被害は、宮崎・鹿児島・熊本三県におよぶが、とくにえびの町の真幸《まさき》地区（旧西諸県郡真幸町《にしもろかたぐんまさきちょう》）の被害は甚大《じんだい》で、家屋の全壊率は四〇パーセントを超えた。これは「えびの地震」の特徴ともいえるが、町内で真幸地区だけが全滅に近い被害を受けたのである。

えびの町全体の被害を見ると全壊四五一戸、半壊八九六戸、全体で四九四四戸におよんだ。山腹《さんぷく》崩壊三二八カ所、死者三名、負傷者四四名、罹災《りさい》世帯三四七七世帯、罹災者数一万三六三九人、被害総額六五億二六九八万八〇〇〇円に上った。

（押川周弘）

縄文海進はどこまで進んだ？——歴史が示す避難線

後氷期《こうひょうき》である縄文時代早期（約一万一〇〇〇年〜七三〇〇年前）の気候の温暖化によって海面の高さが上昇することを「縄文海進《じょうもんかいしん》」という。縄文海進を示す宮崎県内の貝塚は、五ヶ瀬川《ごかせがわ》下流域の大貫《おおぬき》貝塚（延岡市《のべおかし》）、大淀川《おおよどがわ》下流域の跡江《あとえ》貝塚・柏田《かしわだ》貝塚（宮崎市）・城ヶ峰《じょうがみね》貝塚（宮崎市高岡町《たかおかちょう》）などがあり、跡江・柏田貝塚は現在の海岸線より七〜八キロメートルも内陸に位置する。

跡江貝塚は右岸の標高二〇〜二五メートルほどの丘陵先端部に位置し、早期前半の吉田式・前平式《まえびらしき》・押型文《おしがたもん》土器、後半の塞ノ神式《せのかんしき》土器などが出土した。貝層は主として下層が淡水産のシジミであるのに対して、上層が海水産のハイガイであることから、縄文海進がこの地まで到達したことを知ることができる。

城ケ峰貝塚は塞ノ神式土器とともに、シジミ・アゲマキ・カキなどの淡水・海

宮崎市街を流れる大淀川

水産の貝が出土した。なお、ボーリング調査からも最大海進期の海岸線は約一一キロメートル（城ヶ峰貝塚付近）奥にまで達し、標高八～九メートル付近と推定されている。一方、大貫貝塚は約四キロメートル内陸に入る標高一八メートルの丘陵上に位置し、塞ノ神式土器とともにハマグリ・サザエ・カキなどの海水産の貝が出土した。

その後、縄文海進による内湾《ないわん》は、河川運搬物資の堆積によって順次埋まるとともに、砂丘が発達し、沖積《ちゅうせき》平野が形成されると、縄文時代後期

宮崎県総合博物館　住所／宮崎市神宮2−4−4　交通／JR宮崎駅よりバスで「博物館前」下車、徒歩3分

の磨消縄文土器《すりけしじょうもん》が出土した宮崎大学教育学部跡地遺跡（標高八・六メートル）や、弥生時代前期後半の板付《いたづけ》Ⅱ式の小児用甕棺《かめかん》墓地の檍《おおき》遺跡（第一砂丘、標高一〇・二メートル）などに代表されるように、縄文時代後期以降の遺跡は標高一〇メートル前後の河岸段丘《かがんだんきゅう》（河道に沿う自然堤防状の微高地《びこうち》）上や砂丘（砂堤《さてい》）上に進出している。

なお、南海トラフ沿いでマグニチュード9クラスの巨大地震（南海地震）が発生した場合、海岸線が長い宮崎県には高さ一〇メートルを超える巨大津波が襲うと想定されており、かつて安政元年（一八五四）には県内全域で多大な被害を受けている。この巨大津波が起きた場合は、縄文時代後期以降の遺跡が立地する沖積平野部の多くは冠水《かんすい》し、被害の及ばないのは縄文時代早期以前の遺跡が立地している丘陵・台地である。

（長津宗重）

新燃岳の名前はいつ付いた？

「ドーン」と響く大きな音、「ガタガタ」と揺れる窓ガラスに驚き、飛び起きた。部屋は真っ暗。いったい何が起きたのか、わからない。窓の揺れはずいぶん長く続いた。後でわかったのだが、霧島山系《きりしまさんけい》の新燃岳《しんもえだけ》噴火による「空震《くうしん》」が五〇キロはなれた宮崎市まで伝わったものであった。

平成二十三年（二〇一一）一月二十六日、小規模な噴火を起こした新燃岳（一四二一メートル）は断続的に噴火を続けていたが、同二十七日になり、爆発的な噴火をした。噴煙は二五〇〇メートルを超え、前日からの降灰で麓《ふもと》の西諸県郡高原町《にしもろかたぐんたかはるちょう》をはじめ周辺の市町村は視界不良となった。高原町に出されていた避難勧告が全面的に解除されたのは、二月二十五日のことであった。

では、新燃岳はこれまでどのような噴火活動をしてきたのか。享保年間（一七

小林市、西諸県郡高原町、鹿児島県霧島市などにまたがる霧島山系の新燃岳

一六―三六）の噴火の様子を「高原所系図」で見ると、正徳六年（一七一六）三月に噴火が始まり、たびたび噴火を繰り返した。享保元年十二月の噴火は「火石」が降り、高原郷の花堂《はなどう》地区の人家はすべて焼失した。また、享保二年正月三日からの大規模な爆発は「大燃」と呼ばれ、大量の石や砂が高原郷に降り、人々は避難を余儀なくされた。人々が自宅に帰れたのは享保四年のことであったと記されている。

　ところで享保元年の噴火につい

て、向山村（現西臼杵郡高千穂町《にしうすきぐんたかちほちょう》）の庄屋の残した年代記のなかに、「享保元年十月頃より霧嶋だけ殊之外《ことのほか》の火石三万石……ここもとより火見ゆる……」とあり、県北部の高千穂町あたりまで噴煙が見えたことがわかる。

また、以下のような文書も残っている。「享保二丁酉《ひのととり》正月三日七日八日両部嶽今俗ニ新燃と云……大神火　砂石灰降……」（『年代実録』）。新燃岳の正式名称は両部嶽だったのだが、享保の大噴火以後、新燃岳に変わるのである。（押川周弘）

山村の恐怖「山津波」って何?

東日本大震災では津波の恐ろしさと、その被害の大きささを誰もが実感することとなった。しかし「山津波」となると、どんなものか知っている人は少ないのではないか。その山津波が昭和四十七年(一九七二)七月六日に宮崎県えびの市西《にし》内堅《うちかた》集落で発生したのである。

その年、南九州に停滞していた梅雨前線は、六月六日から断続的に豪雨をもたらしていたが、七月四日から六日にかけて豪雨が続き、えびの市では積算雨量が六〇〇ミリを超える地域があった。そして、その時が来たのである。一回目の崩壊は六日の一三時三〇分ごろ。二回目の崩壊は、それからおよそ一時間後であった。規模は高さ三五〇メートル、幅八〇メートル、崩壊面積一〇万平方メートル、流失土砂量三〇万立法メートルと推定されている。まさに体験したことのない大崩壊であった。

流れ出た土石流は一気に流れ下り、真幸《まさき》駅に流れ込んで下流の西内堅集落を押し流し、白川へと向かっていったのである。土石流の流れ込んだ流域の河岸は決壊し、橋梁《きょうりょう》は流出するなど原形を留めない惨憺《さんたん》たる状態であった。

また、このような大規模な山津波が発生したのは、この地域の地質構造の特殊性にもよる。それは、基岩が変朽安山岩《へんきゅうあんざんがん》で堆積した土砂が滑りやすく、続く豪雨により地下水が飽和状態であったことに起因すると考えられている。壊滅的な被害を受けた西内堅集落の被害は、死者四名、全壊住宅二八戸、罹災《りさい》世帯二五戸、罹災者七五名であった。

集落が壊滅するような大規模な山津波にもかかわらず、西内堅の死者が四名ですんだのはなぜか。それは、一回目の崩壊のときに次の崩壊を警戒していた地区民が戸別に連絡してまわり、ほぼ避難がすんでから二回目の大崩壊が発生したからである。未曾有《みぞう》の災害にもかかわらず、最小限の人的被害ですんだことは奇跡的ともいえる。

（押川周弘）

女性の名前の台風のこわさ

「アグネス」「デラ」「キジア」、みな女性の名前のようだが、来日した歌手？女優？ いやいや、どれも宮崎県に襲来した台風の名前である。「台風銀座」といわれた宮崎県では、昭和二十三年（一九四八）から二十六年の四年間で一〇個の女性名の台風により多大な被害を受けたのである。

その一つ、昭和二十六年十月十四日に九州を縦断した「ルース」は、死者二四人、行方不明二四人、負傷者三二二人、全壊家屋七四五戸、半壊家屋一万一一五戸、床上浸水二七九戸、床下浸水五五六〇戸、被害水田二万九九六町歩など、被害総額一四四億八三六四万円にも上り、敗戦から立ち直ろうとしている県民に多大な被害を与えたのである。

しかし、なぜ女性の名前を台風につけたのだろうか。日本では戦前からその年の一番初めに発生した台風を第一号とし、発生順に番号をつけていた。

ところが昭和二十二年に占領米軍の指示で台風に関する情報は米軍気象隊発表とすべて一致させることになり、米軍気象担当者が台風に何気なくつけた恋人や奥さんの名前が日本でも採用されたのである。だが、昭和二十七年の講和条約発効により、台風の用法業務も自主的に行えるようになり、翌年から従来通りの番号に戻され、番号で呼ばれるようになった。

一方、平成十二年（二〇〇〇）に国際組織である台風委員会は、北西太平洋と南シナ海で発生する台風につける名前を前もって一四〇個を決めて使うようにした。平成十二年の台風第一号は、クメール語（カンボジア）の「ダイレム」（象）、日本語は第五号の「テンビン」（てんびん座）である。日本名のものはすべて星座名で一〇個が決まっている。

余談になるが、宮崎測候所が天気予報を発表するようになるのは明治二十七年（一八九四）からで、当時の予報は天気予報掲示板に掲示され、一般に知らされたのである。

（押川周弘）

水を制する「水防組合」の発達はどのようになされたか?

営農は自然との調和・闘いの歴史である。明治二十九年（一八九六）制定の水利組合条例第十四条に「水害予防組合は府県知事が水害を受ける地に区域を画《かく》して設置するものとする。区域内に土地家屋を所有する者は総《すべ》て其《その》組合員とする」とある。

五ヶ瀬川《ごかせがわ》・北川《きたがわ》・五十鈴川《いすずがわ》・耳川《みみかわ》（美々《みみ》津川《つがわ》）・小丸川《おまるがわ》・一ツ《ひと》瀬川《せがわ》・大淀川《おおよどがわ》等々、大小河川はいずれも名にし負《お》う暴《あば》れ川《がわ》である。時を得た条例と思われたが、さにあらず。西臼杵郡長《にしうすきぐんちょう》の報告には「設置を要すると認める場所これ無し」とあった。しかし、明治二十六年五月、県当局があらかじめ調査していたデータでは、目的を水害予防とする水利組合は一七八だった。西臼杵郡だけゼロなのである。

現実に水害に悩まされてきた東臼杵郡長《ひがしうすきぐんちょう》は、「南方村《みなみかたむら》大字大貫《おおぬき》の地は、五ヶ瀬川の支流大瀬川《おおせがわ》に瀕《ひん》している。年々洪水のため護岸堤防に損所を生ずる。水害予防組合を画するは適当なり」と答申している。北諸県郡長《きたもろかたぐんちょう》は、志和池《しわち》・石山村など多くの希望があると報告してきた。

宮崎郡生目村《いきめむら》大字富吉《とみよし》水害予防組合設立の手続きは、明治四十年（一九〇七）八月に参事会に諮問《しもん》、答申を得て九月に生目村長が創立委員に任じられ、十二月に規約の申請、翌年三月に規約認可、同月十二日に設置の告示と、急ピッチで進んだ。生目村長の上申書に「明治三十八年の如《ごと》きほとんど収穫皆無し。大淀川が氾濫《はんらん》し悪水溜々《おすいりゅうりゅう》と全田に進入し泥土全田を埋没原形を変じ復旧工事に要する労役少なからず。永遠不朽不滅《ふきゅうふめつ》の堤防を築造する方法として水害予防組合を設置したい」としている。

水害予防のために土地・家屋を所有する全ての者が応分の組合費を納入し、労役を負担し、命と財産と自然を守るために立ち上がるという構図が見えてくる。県内には多くの水防組合が誕生した。現在は法体系の変化により、国・地方公共団体・土地改良区の手によって事業は進められている。（黒岩正文）

えっ、宮崎で雪害？

宮崎県といえば、「南国」、「冬でも温暖」というイメージを抱いている人は多いだろう。実際、本県は全国でも非常に暖かな地域で、年間の平均気温は沖縄県、鹿児島県に次いで全国第三位である。平野部においては降雪・積雪は稀《まれ》であり、また、県南部には無霜《むそう》地帯も存在する。

しかし、その一方で「宮崎＝温暖」というイメージに当てはまらない地域もある。県北西部、とくに西臼杵郡五ヶ瀬町《にしうすきぐんごかせちょう》ではかなりの積雪が見られる。

五ヶ瀬町は九州山地に位置し、熊本県と接している。全体的に標高が高く、特に町域南部は標高一〇〇〇メートルを超える山地である。そのため、十月初旬には初霜、十一月には積雪が見られ、この気候を生かした日本最南端の天然スキー場がある。毎年、スキーができるほどの積雪がある五ヶ瀬町だが、昭和三十八年

雪害に遭った西臼杵郡五ヶ瀬町の尾原林道（宮崎県文書センター所蔵）

五ヶ瀬ハイランドスキー場　住所／西臼杵郡五ヶ瀬町大字鞍岡4647−171　交通／JR延岡駅より車で約80分

（一九六三）には例年にない大雪となり、様々な被害が生じた。

このときは被害の深刻さを物語るように、一月から二月にかけて、たびたび被害調書が出されている。そのなかの「五ヶ瀬町内地区別積雪量一月二十四日調」によると、少ない所で六〇センチ、多い所では二メートル四〇センチを超える積雪があった。とくに積雪量の多かった尾原《おばる》地区では、大雪で道路が塞《ふさ》がれてしまったため、雪のなかにトンネルを掘って通行するほどであった。そして、それすらも危険になったため通路を別に掘った、と調書にある。

この積雪による被害は、道路などの土木被害、農作物や畜産・林産物への被害、各種施設や建築物への被害など多岐にわたり、被害総額は二億八〇〇〇万円以上になった。

温暖なイメージのある宮崎県だが、意外にも、日本最南端の天然スキー場を有し、また、過去には深刻な雪害に見舞われたこともあったのである。（河野悠子）

宮崎の春一番はどこから?

一年中花の絶えない〝花と緑の国〟宮崎でも、春の訪れを告げるのは、やはり色とりどりの花々である。

二月、早春を彩《いろど》るのは梅の花である。児湯郡新富町《こゆぐんしんとみちょう》の座論梅《ざろんばい》や宮崎市高岡町《たかおかちょう》の月知梅《げっちばい》は、地を這《は》うような枝振りが特徴の「臥龍梅《がりゅうばい》」という種類の梅で、いずれも樹齢数百歳を超える巨木として有名である。

四月から六月にかけては、さまざまな花が見ごろを迎える。それぞれの花ごとに観光名所があり、児湯郡新富町では芝桜《しばざくら》（約六〇〇〇坪の個人庭園一面に二〇年かけて植栽されたもの）、北諸県郡三股町《きたもろかたぐんみまたちょう》「しゃくなげの森」ではしゃくなげ（五〇〇種・三万本で日本最大規模）、生駒高原《いこまこうげん》ではアイスランドポピー（約一五万本）、都城《みやこのじょう》市《し》早水《はやみず》公園ではアヤメ（約四二万本）、宮崎市「市民の森」では

しゃくなげの森　住所／北諸県郡三股町長田5268　交通／JR三股駅より車で約15分

西都原の桜と菜の花

花菖蒲《はなしょうぶ》（約一六〇種・二〇万本）、同「こどものくに」ではバラ（約二〇〇種・三五〇〇本）などが訪れる人の目を楽しませてくれる。

しかし、春を代表する花といえば、やはり桜だろう。桜の名所は数が多く、県内各地にある。

なかでもおすすめなのが西都市《さいとし》の西都原《さいとばる》運動公園で、ここでは他では見られない風景を楽しむことができる。西都原運動公園は、日本最大級の古墳群である西都原古墳群とその周囲の景観を維持保存するために整備された。東西二・六キロメートル、

西都原運動公園　住所／西都市大字三宅字上の宮西地内　交通／JR南宮崎駅より徒歩3分の宮交シティバスターミナルから「西都バスセンター」下車、車で約5分

南北四・二キロメートルの広大な古墳群は周囲を豊かな自然に囲まれており、その内部にもさまざまな花や樹木が植栽されている。三月中旬から四月上旬にかけては、桜と菜の花が同時に見ごろを迎える。その数、桜が約二〇〇〇本、八ヘクタールの畑一面に広がる菜の花が約三〇万本である。古墳を埋め尽くすように広がる菜の花の黄色と、桜並木の淡いピンク色のコントラストは絶景である。まさに、宮崎の春を満喫できる風景といえる。

（河野悠子）

著者一覧

編著者　永井哲雄（ながい・てつお）一九三四年、宮崎県生まれ。宮崎県文書センター主席運営嘱託員

伊藤一彦（いとう・かずひこ）一九四三年、宮崎県生まれ。若山牧水記念文学館館長

伊東　但（いとう・ただし）一九六〇年、宮崎県生まれ。宮崎市清武総合支所企画総務課副主幹

押川周弘（おしかわ・かねひろ）一九四一年、宮崎県生まれ。宮崎県民俗学会会員

岡本武憲（おかもと・たけのり）一九五七年、兵庫県生まれ。日南市教育委員会文化生涯学習課長

河野耕三（かわの・こうぞう）一九四八年、宮崎県生まれ。綾町照葉樹林文化推進専門監

河野　誠（かわの・まこと）一九五八年、宮崎県生まれ。社団法人宮崎県物産貿易振興センター事務局次長

河野悠子（かわの・ゆうこ）一九七八年、宮崎県生まれ。宮崎県文書センター運営嘱託員

九鬼　勉（くき・つとむ）一九五一年、宮崎県生まれ。城山ガイド・ボランティアの会会長

黒岩正文（くろいわ・まさふみ）一九四四年、宮崎県生まれ。宮崎県文書センター運営嘱託員

児嶋草次郎（こじま・そうじろう）一九四九年、宮崎県生まれ。石井記念友愛社理事長

佐藤郁夫（さとう・いくお）　一九四〇年、熊本県生まれ。元宮崎県立高校教諭

清水正恵（しみず・まさえ）　一九五四年、山口県生まれ。宮崎県文書センター運営嘱託員

高野明広（たかの・あきひろ）　一九五五年、宮崎県生まれ。元宮崎県立美術館学芸課長、宮崎市立生目中学校校長

竹下　勇（たけした・いさむ）　一九三六年、福岡県生まれ。元宮崎県立高等学校教諭、伊東マンショを語る会会長、都於郡城史文化研究会会長

田尻隆介（たじり・りゅうすけ）　一九四八年、宮崎県生まれ。高千穂町文化財保存調査委員

那賀教史（なか・みちふみ）　一九四六年、宮崎県生まれ。宮崎県民俗学会会員

長津宗重（ながつ・むねしげ）　一九五五年、宮崎県生まれ。宮崎県埋蔵文化財センター調査第一課長

北郷泰道（ほんごう・ひろみち）　一九五三年、宮崎県生まれ。宮崎県埋蔵文化財センター所長

矢口裕康（やぐち・ひろやす）　一九五〇年、神奈川県生まれ。南九州大学教授

山下真一（やました・しんいち）　一九六四年、宮崎県生まれ。都城島津邸副館長

本書は、新人物文庫のための書き下ろしです。

写真提供
西都市観光協会、日南市観光協会、PANA通信社、
みやざき観光コンベンション協会、宮崎市観光協会

新人物文庫

宮崎県謎解き散歩

2013年2月14日　第1刷発行

編著者　永井　哲雄
発行者　飯田日出男
発行所　株式会社　新人物往来社
〒102-0083
東京都千代田区麹町3-2　相互麹町第一ビル
電話　営業　03(3221)6031　振替　00130-4-718083
　　　編集　03(3221)6032
URL　http://www.jinbutsu.jp
乱丁・落丁本は、お取替え致します。　ISBN 978-4-404-04293-4 C0125
DTP／ニッタプリント　印刷・製本／中央精版印刷　Printed in Japan